草畜平衡理论与实践

CAOXU PINGHENG LILUN YU SHIJIAN

金轲 李平 主编

中国农业出版社

北 京

本书编写人员

主　编：金　轲　李　平

副主编：陈梅梅　乌日汗　张苏日塔拉图　王　强

编　委（按姓氏笔画排序）：

　　　　尹嘉宁　李西良　张睿瑶　武丽雯

　　　　金嘉炜　姜　超　钱政成　智　荣

草原是我国重要的生态系统和自然资源，是山水林田湖草沙生命共同体的重要组成部分，在维护国家生态安全、边疆稳定、民族团结和促进牧区振兴、农牧民增收等方面具有基础性、战略性作用。加强草原科学管理，对于促进牧区生产生活生态协同发展具有重要意义。

草畜平衡作为联系草原生态系统和社会经济系统的纽带，是加强草原管理的关键。《中华人民共和国草原法》将草畜平衡作为一项重要的制度设计写入法律。2005年，《草畜平衡管理办法》颁布实施，并制定了相应的草畜平衡标准。2011年起，国家启动实施草原生态保护补助奖励政策，将草畜平衡作为政策实施的重要内容。2021年，国务院办公厅印发《国务院办公厅关于加强草原保护修复的若干意见》，提出到2035年基本实现草畜平衡，并明确了一系列工作措施和保障措施。经过多年来各地各有关部门的不懈努力，草畜平衡理念逐步深入人心。

不同历史时期，人们对草畜平衡的理解不同，实现的途径也不同。游牧年代，气候作为主要因素影响着草原生态系统的平衡，受水源、交通等因素制约，畜牧业对草原资源的利用不均衡，整体处于利用不充分状态，但局部过度利用也时有发生。20世纪80年代草畜双承包制度实施后，越来越多的牧民开始定居放牧，草原畜牧业建设力度加强，畜牧业对草原资源的利用整体处于充分状态，局部过度利用。21世纪以来，国家实施了一系列草原保护政策和工程，人们对草原的态度经历了利用为主到利用与保护并重再到保护优先的变化。草原生态可持续逐渐成为草原畜牧业管理的重要内容，草畜平衡向精准平衡发展。

系统研究草畜平衡，有助于进一步认识和优化草原管理。目前，国内对草畜平衡的研究多集中于测草定畜、放牧制度等技术层面，针对管理制度、社会经济等领域的研究相对较少。中国农业科学院草原研究所组织了一批从事草原科学研究的科技人员，通过查阅大量国内外文献书籍，基于多年牧区调研实践的第一手资料，撰写了《草畜平衡理论与实践》一书。该书对国内外草畜平衡相关理论进行梳理，结合内蒙古自治区在过去 10 年牧民草畜平衡实践案例，系统分析草畜平衡的关键要素，从理论、技术、路径三个维度开展研究，提出不同资源禀赋条件下实现草畜平衡的方法路径。

《草畜平衡理论与实践》一书系统全面，内容丰富，理论性、实践性、指导性强，希望能为广大草原科技和管理工作者在科学研究和管理实践中提供参考，为我国草原科学管理提供有益借鉴。

2023 年 5 月 30 日

目 录
CONTENTS

第一章

草原管理理论与实践

　　草原作为全球最大的陆地生态系统，是牲畜的饲料来源、野生动物的栖息地和植物遗传资源的保护地，也关乎着数以百万计的牧民生计[1]。草原除了具有固碳、防风固沙、空气净化等生态系统调节功能，作为畜牧业生产的基本要素，具有提供畜牧业产品的功能，也是草原畜牧业与草原文化繁荣发展的重要基地。维持草原生态系统功能，实现草地资源可持续利用，对国家、区域乃至全球生态安全和社会经济发展具有重要意义[2-3]。生态学研究范式（paradigm）引入草原科学领域后建立的草原生态学理论引领和指导着国内外草原管理政策制度的实践和变迁。本章首先论述国内外草原管理的生态学理论变迁，在此基础上梳理国内外草原管理制度的实践和变迁，总结草原管理研究的热点和未来研究趋势。

一、国内外草原管理理论变迁

　　自然均衡论被认为是生态学中历史最悠久、影响最广泛、最深远的传统观点。即自然界在不受人类干扰的情况下总是处于稳定平衡的状态；各种不稳定因素和作用相互抵消，从而使整个体系表现出自我调节、自我控制的特征[4]。1916 年，克莱门茨（Clements）把自然均衡观应用到植物生态演替研究中，提出了植物演替顶级理论，即植物群落是单向的、由植物群落内部控制的、循序渐进而达到顶级[5]。该理论后来被应用到草原科学领域，虽然一直存在争议和质疑，但直到 20 世纪 60 年代该理论仍处于主导地位。平衡生态理论（equilibrium ecology）认为植被对于放牧压力的响应是呈线性的且可逆的，可以通过控制载畜率（stocking rate）达到控制植被长势的效果，因此是一种稳态管理思想[6]。直到 20 世纪 60 年代末，对非洲干旱和半干旱草原的研究对这一经典理论提出了挑战[7]。生态学界也开始意识到基于克莱门茨演替理论的动态平衡理论在很多生态系统中很难或根本不可能发生。伴随着生态学理论的变迁，草地资源管理理念也出现相应的变化，即从传统的稳态管理向非平衡系统管理转变。前者更具商业性，以追求牲畜头数和产量为目标，更多依靠自上而下的行政管理、技术推广和服务。而后者是生计型，以维护草原生态系统稳定性和追求牧业整体发展为目标。20 世纪 70 年代，霍林（Holling）提出的恢复力理论逐渐得到关注和认可，韦斯特比（Westoby）将其引入到草原生态系统进行研究。与此同时，草原管理理念中人类的角色从自然资源利用者变成自然资源的管理者。本节将基于相关文献，系统回顾草原生态学领域三个代表性理论及相应的草原管理模式变迁。

（一）平衡生态学理论及其草场管理利用理念

自然均衡论被应用到生态学各领域，形成了生态学的经典平衡范式[4]。平衡生态学的基本假设是从群落水平到全球生态系统尺度，均能通过种内和种间竞争，植物-动物互作等内在的生物学过程进行自我调节，从而约束生态系统的动态。即在自然界不受人类干扰的情况下，生物圈及其环境构成自我控制和调节的系统，能够阻止各种不利于生命的变化，处于一个稳定平衡状态。平衡生态学还认为植物群落通过单向的、可预测的途径经过有序的演替阶段到达一个由气候决定的唯一的平衡点。将该观点应用到草原科学，认为草原植被和放牧压力之间呈线性和可逆的关系，在轻微放牧甚至没有畜群的地方，植被会自然演替至顶级群落；而重度放牧则使植被退回到演替的先锋阶段；而持续的重度放牧将彻底改变植被的组成，多年生牧草会被产量较低的一年生牧草和低矮灌丛所取代，同时植被盖度也开始下降。由于牧草质量和数量的下降以及土壤侵蚀的加速，最终将导致牲畜产量不可逆转的下降[8-12]。

以平衡生态学为基础的草场管理模式是一种稳态管理。通过测定特定地点植物物种组成与其顶级群落的差距，确定草地退化情况，再以草地等级状况来计算出其安全的载畜量。19 世纪 80、90 年代，由于产权安排的缺失，信贷的泛滥以及众多外来人口到美国西部从事牧牛等多种原因导致了草场退化。1895年，美国国会通过决议，在美国农业部农业发展局下设了牧草学司，开展牧草和饲草植物研究。为便于政府的统一管理，计算草场"承载力"问题成为当时研究热点。1905 年开始，美国农业部下属的林务署开始成为草地经营管理科学（range management）研究领域的主要"带头人"。辛普森（Sampson）最初将克莱门茨的经典演替理论应用到草原基况（range condition）评价和牧场管理中[8]，作为林务署的生物学家，1919 年他在美国西部犹他州高海拔地区的考察报告中提出探测过度放牧最可靠和最有效的方法是识别一种植被形式被另一种形式所代替，要把这些不同植被类型的放牧价值和生态演替阶段联系起来。即放牧是对抗自然演替的一个线性的驱动因素，通过调节载畜率可以控制放牧和演替之间的平衡，评估植被组成可了解植被变化的趋势[9]。进一步地，坦瑟利（Tansely）也认为放牧可导致一个亚顶级，即在主要演替中，放牧可使草地植被停留在演替系列中的一个阶段，当解除放牧时演替又可以从这一阶段继续进行下去。在放牧条件下的演替可以完全沿着固定的系列进行到偏途顶级群落，当停止放牧后演替可向非放牧演替的顶级发展[10]。到了20世纪40年代，戴克斯特豪斯（Dyksterhuis）则明确提出了草场放牧演替的"单稳态模式"（mono-stable state），并将放牧演替中的植物区分为增加者、减少者和侵入者。单稳态模式认为：一个草场类型只有一个稳态（顶级或潜在自然群落），不合理的放牧所引起的逆行演替可以通过管理、减轻或停止放牧而恢复，并且认为恢复过程与退化过程途径相同，而方向相反[11]。由此，世界上的草场管理一直遵循上述以控制载畜率为主要手段的平衡生态系统模型。

自20世纪下半叶开始，中国北方干旱半干旱草原退化，到80、90年代草原生态问题日益凸显引起了学术界广泛关注。李博院士认为草原退化就是草原生态系统中能量流动与物质循环的输入和输出之间失调，其规模也相应缩小，系统的稳定与平衡受到破坏，表现在产量降低，草群变矮、变稀，以及种类成分的改变和饲用价值的变劣[12]。起初，国内学者应用经典演替理论对我国草原退化演替模式进行了研究和诊断。20世纪60年代，王庆瑞、李世英等参考苏联植物学者的工作，基于经典演替理论，从植物的生态-生物学特性和群落结构入手，对北方草原放牧实践和植物演替阶段之间的关系进行了最初的探索。认为不合理的放牧，是草原放牧场植物群落发生退化演替的主要影响因素[13-14]。随着草地和放牧关系研究的进一步推进，学者们对我国不同草原类型的退化演替模式进行诊断的同时对其自然恢复演替机理进行了探讨[15-21]。刘钟龄等在内蒙古草原进行长期观测研究的基础上得出，草原植被退化是不合理的管理与超限度利用在脆弱的生态地理条件下所造成的逆行生态演替[15]。表现为一种植被生产力衰退、生物组成更替、土壤退化、水文循环系统改变、近地表小气候环境恶化的演替过程。不合理地利用草原，必将使草原生态系统自我调节功能和机制受损。过度放牧利用往往使家畜不可食、不喜食的植物比例增加以及割草导致低矮的植物种群增长等，都是草原生态系统对过度放牧与割草等干扰过程的反馈与响应。因此，草原退化演替的一定阶段，尚处于生态系统自我调节极限之内。但是随着退化程度的加剧，生态系统的结构与功能对系统内部环境的适应能力必将降低，所以更强烈的干扰可能导致生态系统的崩溃[16-17]。在国内，"过度放牧"普遍被认为是草场退化的最主要原因。除了"过牧"引起草原退化的观点以外，一些学者认为由于制度变迁导致畜牧业生产方式的转变[18]，统计方法的缺陷导致夸大了实际情况[19]，人口增长以及农田、矿产开发等非牧业开发利用导致畜牧业可利用空间萎缩，使得"过牧问题"突出[20]。也有学者对内蒙古草原进行长期考察后指出，新中国成立前内蒙古草原大约经历了五次大规模开垦。新中国成立后，1958—1963 年提出"以粮为纲"，在内蒙古草原大办农业和副食基地，1966—1976 年提出"牧民不吃亏心粮"，进一步开垦草原 206.7 万亩*，近年来矿山开发、人工饲料地与人工造林等以生态建设的名义使开垦合理化。截至 20 世纪 90 年代，内蒙古最好的草原 996.7 万公顷被开垦。开垦不仅造成水土流失，还增加了外来人口压力，造成了垦区牲畜暴增和周边草场严重退化。在不适合耕种的地方（比如在干旱区湿地开荒）大量开垦、粗放式开采自然资源，造成了水土大量流失，土壤发生次生盐碱化，甚至导致整个生态系统遭到破坏[21]。

随着草原生态-生物学研究的深入，平衡理论的局限性也显现出来。这些局限性主要表现在：第一，理论的普适性遭到质疑。越来越多的研究发现，平衡理论适用于范围较小的、降水条件较好、非生物因素相对稳定的生态系统，在一些非生物因素干扰较大的生态系统中，这种单向的顶级演替现象很难或几乎不发生[22-24]。尤其是在干旱、半干旱生态系统，与平衡放牧系统中连续、可逆的变化不同，发生在干旱和半干旱生态系统的变化具有突发性、非连续性和不可逆性的特征，这些变化存在于相互无关联的、彼此分离的各种状态之间[22]。第二，平衡理论本身解释力有限，存在与实际不符等不足之处。平衡理论无法解释某些生态系统具有多个稳态的实际[25-26]。此外如艾莉森（Ellison）认为某些土壤侵蚀是一种"不可逆的过程"[27]，与演替过程无关。霍尔（Hall）应用实际数据对平衡生态理论模型进行验证得出的结果却大相径庭[28]。也正因为平衡理论的这些局限性导致非平衡理论应运而生。

（二）非平衡生态学理论、模型及其草场管理学意义

直到 20 世纪 60、70 年代，非洲干旱、半干旱草原生态系统被认为是一种平衡生态系统。因此，将其初级生产力低下的原因归结为当地牧民的"超载过牧"。当时的草场管理政策也是希望通过减少牲畜数量、明晰产权、发展"集约化"畜牧业等方式来达到恢复草原生产力，促进畜牧业可持续发展的目标。在此之前的 30 年间，国际社会投入了大量的人力、物力，但是非洲草原的生态和生产力水平仍未取得显著成效[23]。到了 70 年代末，生态学界越来越意识到非洲干旱、半干旱草原与传统观点之间的不同之处。在此背景下，非平衡生态系统（Non-equilibrium ecology）的理念被应用到草场科学，重视干扰、空间异质性及多稳态对生态系统动态影响的非平衡理论成为重要的生态学理论[29]。不同于平衡范式，非平衡范式强调生态学系统的瞬变动态、开放性以及外部环境对系统的作用[4]。与之对应的，支持采取灵活的载畜率和适应性草

---

* 亩为非法定计量单位，1 亩等于 1/15 公顷。

场管理。

这两个理论主要争论点在于：平衡理论强调动物和草场资源之间的生物反馈关系，而非平衡理论认为，具有随机性的非生物因素是决定植被和牲畜动态系统的主要驱动力。在干旱与半干旱地区，初级生产量常随降水量的变化而出现较大幅度的年际波动，从而基于平衡系统理论的稳态管理在非平衡系统中被认为是无效的[30]。基于非平衡理论的草场科学也被称为"新草场生态学"，主要模型以及其草场可持续利用管理思想如下[31]。

1. 持续非平衡模型

埃利斯（Ellis）和斯威夫特（Swift）在肯尼亚北部的草原进行了长达 9 年的放牧系统研究，指出了以往关于非洲草原研究的错误认知，提出了持续非平衡模型[7]。他们认为在干旱、半干旱地区，初级产草量常随降水量而表现出较大幅度的年际波动，因此降水量少是导致牧草产量低下的主要因素，与家畜数量相关性较小。由于持续频繁的干旱，牧草长势随气候变动大，这些放牧系统也被认为是"脆弱的"或"不稳定的"的生计型畜牧业，不可能按照严格意义上的草畜平衡原则确定一个固定不变的载畜量，而是应该采取灵活变动的载畜率[32]。为了更准确地界定非平衡生态系统，1995 年埃利斯提出平均年降水量低于 250 毫米并且降水变化率大于 33％的地区属于非平衡系统[33]。费尔南德斯-希门尼斯（Fernandez-Gimenez）等在蒙古国的研究也认为降水变化率大于 30％的地区可视为非平衡动态系统[34]。

干旱和半干旱草原降水稀少且年际变异性高，使得水分可利用性成为系统动态的主要驱动因素，导致饲草资源的时空高度可变性和不可预测性，即环境变化的不确定性。因而非平衡系统中的放牧系统具有"事件-驱动"性质，降水等非生物因素和牲畜采食等生物因素决定着系统动态，其中植物种群有着较大范围的波动，放牧系统也通常处于非平衡状态[35]。因此，基于非平衡生态系统的干旱与半干旱放牧系统管理，需要考虑其非平衡生态环境特征。首先，放牧系统动态具有事件-驱动特征，这表明植物群落的种类组成是间断性的、是对罕有或极端事件响应的结果。因此，需要确认驱动植物群落动态关键过程的罕有种群补充事件。通过管理使植被获得沿预期方向变化的事件，从而维护群落中牧食性好的、有生存力的植物种群，这对牧场管理的成功至关重要。为确认这种罕有事件发生的时机，管理者要监测植被并估计对不同植物种或功能群更新适宜地点的密度，以确认是否存在大规模更新事件发生的可能性，同时，还需要关注期望种繁殖过程的各个环节，例如羊群对花的采食导致种子产量下降，使降水为种子萌发或幼苗生长提供的机会丧失。其次，放牧系统动态具有时间性特征，这表明种群死亡和补充的间断性可能包含 3 次或更多次补充事件，它们可能每间隔 10～20 年或更长时间发生一次，这意味着由于管理不当引起的变化只有在十几年后才会观察到，良好的管理方式在许多年后才能显示出积极效果，因此牧场的管理应当基于长期性的而非短期性的策略。再次，放牧系统植被变化的难以预测性，表明降水事件发生的顺序以及降水对植物种群影响的程度难以预测。对事件精确信息的缺乏以及事件本身的不确定性成为管理风险的根源。事件指导管理以保证对事件反应的灵活与快速，可变的载畜量是管理策略的重要环节[36-37]。

2. 状态-过渡模型以及草原健康评价

20 世纪 80 年代以来，关于平衡和非平衡系统的争论结果使得生态学界最终达成了一些共识。首先，草原植被可能存在多个稳定的群落状态，而不是单一的顶级状态。其次，植被变化可能不可逆。最后，因为火灾、长期干旱等外在因素强烈干扰，草原植被变化可能是突变性的，而非渐变性的。在此背景下，韦斯特比等提出了状态-过渡模型（state-and-transition models，STMs），它是一种基于非平衡理论的解释植被动态变化的方法。所谓"状态"，是指能够抵抗一定变化的比较稳定的植物群落。只有在长期的过度干旱、火灾、较强的人为干预等外界影响下，这些稳定状态的植物群落会"过渡"到另一个状态。保持这种高度稳定状态的地境因素被称为"阈值"[31]。

作为草地资源管理理论基础之一的状态-过渡模型是组织和传达有关生态系统变化信息的一种方法。其基本思想不难理解，主要是采用描述和量化水循环或营养循环等基本生态过程的变化速率和程度来评估草场状态，从过去注重植被组成向更加注重土壤的稳定性转变。STMs 基于现有系统知识，收集长期的生态监测数据，依据历史状态和实验进行改进。基于 STMs 的草场管理下，管理者不以建立永久平衡为目标，而是依据监测数据，尽可能规避危险[38]。

该模型提出之后在学术界产生了较大反响。针对不同草原类型，研究者们提出了具有不同结构特点的 STMs，揭示了放牧等外在干扰因素下植被和水土环境的变化。20 世纪 90 年代开始，美国草原科学领域专家开始研发 STMs，并呼吁资源管理部门对原来的草原基况模型进行升级，采用能够解释多稳态的模型进行草原健康评价。1997 年，美国政府部门正式采用 STMs 作为草原健康评价的组成部分，用于向牧场主提出有关草原管理的要求，同时为联邦财政支持提供依据[31]。

到 20 世纪 90 年代，关于平衡与非平衡系统的争论逐渐达到顶峰，也激发了许多实证研究。目前达成一致的观点有：首先，不能将草原生态系统类型单纯划分为牲畜密度驱动和非生物因素驱动两种类型，这样会导致过于简单化。很多研究证明，"平衡"和"非平衡"是两个极端状态，它们之间的变化是渐变的，实际很多草地生态系统同时具有两者的特征。如雨水好的年份，表现出平衡生态系统的特征，干旱的年份则表现出非平衡生态系统特征。其次，随着空间尺度的变化，生态系统所表现出的特征不一样。如打草场等小的尺度上表现为平衡系统，而在更大尺度上则可能是非平衡系统。因此，众多研究者认为实际上两种系统均存在，取决于不同的时间和空间尺度[30]。

（三）恢复力理论及其草场管理思想

在气候变化和人类活动共同作用下，全球生态系统正面临前所未有的挑战。自然生态系统面积不断缩减、生物多样性急剧减少、生态系统生产力显著下降等导致了区域乃至全球生态系统恢复力的不断下降，成为制约生态系统可持续发展因素之一。在此背景下，关于如何维持生态系统的稳定状态，最大限度地降低不确定性因素所造成的影响和损失等问题逐渐引起了学术界及社会各界的高度重视，而生态系统恢复力理论为解决这些问题提供了思路[39]。

恢复力（Resilience）源自拉丁文 Resilio，意为"跳回"的动作。20 世纪70 年代后该词被引申为"承受压力的系统恢复和回到初始状态"的能力。霍林最初把"恢复力"的概念引入到生态学领域，旨在理解可观测的生态系统中的非线性动态。在其经典著作中，霍林将恢复力定义为系统吸收状态变量、驱动变量和参数的变化并继续存在的能力；在这一定义中，恢复力是系统的属性，而系统继续存在或灭绝是结果[40]。到 80 年代，皮姆（Pimm）提出不同的观点，将恢复力定义为系统在遭受扰动后恢复到原有稳定态的速度[41]。之后生态学界围绕生态系统恢复力展开了激烈讨论，提出大量不同的观点和多个与生态恢复力相关的概念，如生态系统的稳定性、持续性、抵抗力和适应力等。虽然不同学者提出的恢复力概念不同，但多数基于适应性理论，基于生态系统受到干扰后将恢复到原来稳定状态的假设。根据对稳定状态的不同界定，目前恢复力的定义可归纳为工程恢复力（engineering resilience）和生态恢复力（ecological resilience）两种观点[42]。

工程恢复力的基本假设是单一稳定状态，即假设系统是平衡系统。该观点认为一旦系统出现远离平衡点的情况，就应采取措施使系统恢复到平衡稳定状态。工程恢复力强调效率、恒定，强调预见性和功能有效性的维护，是把安全保障的工程性要求作为研究对象所有特性的核心。工程恢复力借鉴了演绎模式的数理思维及工程学原理，其研究对象一般是简化、抽象的生态系统或传统的工程系统，如野外样方或小围场内的生物试验。工程恢复力有两种界定方式，一种是指生态系统恢复到与受干扰之前基本一致状态的能力，另一种是指一个系统经历扰动之后恢复到平衡或稳定状态所需的时间，目前后者更为普遍被接受。

生态恢复力的基本假设是具有多个稳定状态的非平衡生态系统。它关注的不是恢复到单一稳定状态的时间或能力，而是诸多稳定状态间的转换。生态恢复力参考了归纳法的思想，注重系统的持久性及其功能的延续性，关注系统状态变量发生柜互关系转化的临界点。其定义是系统在保持自身结构不变的前提下，通过调整系统的行为控制参数及程序，能够吸纳或抵抗的扰动量。之后研究者开始尝试描述多种生态系统的多重稳定状态及其转换，越来越多的文献记录了一系列生态系统的稳定状态之间的转换，以系统稳定域的边界特性为主要研究内容的生态恢复力开始得到更广泛的关注。

由上文可知，恢复力是系统在遭受扰动后恢复到原有稳定状态的能力，但它是有限度的，即有一定的阈值。如果外来干扰的程度在阈值范围内，则表现出工程恢复力，如果超过该阈值，系统相对稳定状态则会遭到破坏而进入另一不同的状态，表现出生态恢复力。生态系统状态变化的"杯球"模型（cup and ball model）（图1-1）经常被用于描述恢复力概念和强调不同类型恢复力的区别[43]。其中"杯"代表生态系统"引力域"，"球"代表生态系统状态，"球"在"杯"中的一系列可能位置分别代表生态系统结构的变异程度。

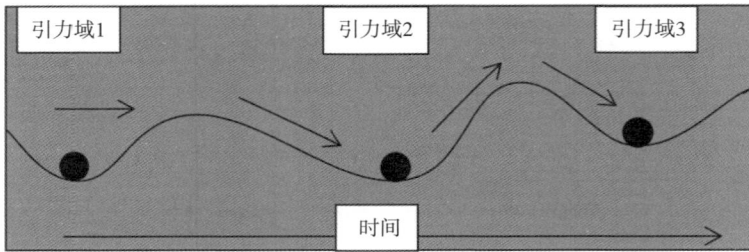

图1-1 "杯球"模型

如"杯球"模型所示，一个"杯子"是一个引力域，工程恢复力指"球"回到"杯"底的速度，也被称为生态系统弹性或恢复时间，其测量指标是系统再次回复到平衡稳态所需的时间。生态恢复力则是指存在多个引力域的前提下，"杯子"形状发生变化或在火灾、持续干旱等强有力的外来干扰使得系统超过某一阈值，系统进入新的生态引力域的情况。生态恢复力也被认为是引力域的宽度，即系统在进入另一个引力域的临界状态前所能承受的扰动总量。

除此之外，霍林等主张运用适应性循环解释和分析社会-生态领域的恢复力。适应性循环模型将生态系统分为4个演替阶段（图1-2）[44]。分别是，崩溃或释放阶段、更新与重组阶段、快速生长及开发阶段、保护阶段。受巨大且不可预料的干扰的影响，释放阶段系统基本丧失了组成、结构、功能等基本属性，但资源变得较易获得。资源的易获得性为新生种群出现创造了条件，但这一过程是高度不确定的。之后其组成、结构等趋于相对稳定，进入另外一条引力域的新轨道，进行新一轮适应性循环。经过长时间的资源累积和转变，生态系统沿着相对缓慢和可预测的路径演替，该阶段出现新生事物的概率降低，而系统变得更为复杂与稳定。

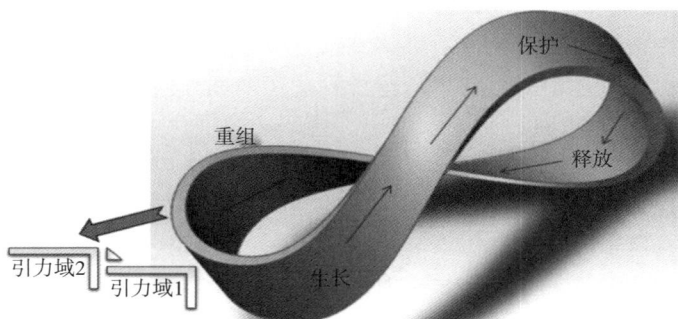

图 1-2　适应性循环

20 世纪 80 年代末，恢复力理论被引入到草原科学。随着全球人口增长，人类社会对生态系统的不断开发利用，恢复力理论也进一步拓展到了生态系统和社会系统的耦合形式。基于恢复力理论的草场管理思想首先认为草原生态系统必然面临众多外在干扰因素导致其变化以及存在多个稳态。草原管理的目的从过去平衡系统中保持单一稳态或非平衡系统中采取机会主义策略、规避风险，向适应草原生态系统变化，为社会提供更多样化的生态系统服务转变。这种管理思想强调人类社会在对生态系统的依存关系和影响力的基础上，通过整合各利益相关者的知识和能力，共同面对生态系统变化的不确定性和知识完整的问题。

但是，由于引力域的阈值和多稳态等在实践中难以观察和测量，对于生态系统变化的度量仍采用状态-过渡模型的方法，对社会-生态复杂系统管理的具体方法仍未达成共识，较为代表性的有由 Ostrom 等提出的社会-生态系统框架[45]。另外，随着社会-生态系统不确定性以及干扰因素的增多，基于恢复力理论的适应性管理逐渐成为研究热点。它强调人类通过决策过程中的系统化学习来应对环境的不确定性。即对草场管理过程进行监测、评估并对下一个决策阶段做出及时的调整或修正。适应性管理力求对外在变化做出即时的反馈，但实际中管理规则制度具有长效性和滞后性，因此会对适应性管理的实施造成一定的障碍。恢复力理论引入到草原科学后，被普遍认可和接受，并逐渐替代非平衡理论成为草场管理实践的主要生态学理论依据，但是因为阈值难以测定和替代稳态难以预测，目前仍处于理论探索阶段。

二、国内外草原管理实践

关于草原生态系统的不同理论对草原退化原因给出了不同解释，也对世界草原管理实践起到了引导性作用。如上文所述，平衡理论认为植被对于放牧压力呈线性且可逆性的响应。因此，对于任意等级的草原，人们可以根据其承载能力，控制牲畜放牧数量，使植被达到某种等级。在发源于美国西部草原的这一平衡理论和产权理论的影响下，草场管理实践逐渐向明确产权边界（使用围栏）、牲畜品种改良、强制规定载畜量、定居、发展商业性草牧业等方向发展。到 20 世纪下半叶，美国草场管理经验逐渐输出到世界各地。而非平衡理论认为，放牧数量和强度不是唯一影响草原植被的因素，如气候、降水量等非生物因素有时具有决定性作用。以空间异质性、环境不确定性为主要内容的非平衡理论指导下的草场管理实践则是采取灵活的载畜率和适应性草场管理。发展出各种 STMs，评价草原健康状况，以降低不确定性带来的影响。除此之外，多稳态观点的普遍接受和恢复力理论的兴起，草场管理的目的向设法引导生态系统为社会提供多样化的生态系统服务转化，体现了更多人的主观能动性[46-50]。

（一）国外草原管理利用实践

整体而言，世界上草地畜牧业发达的国家，草地管理主要有三种类型[51]。第一种是高度集约化草地畜牧业。如英国、法国、德国、荷兰、丹麦等多数欧洲国家和新西兰等发达国家，草原管理兴起较早，已有数百年历史。由于气候条件良好，因此天然草地大部分都经过培育，发展粮草轮作，建立临时栽培草地和永久草地。其特点是大量施用肥料，草地生产力很高。如荷兰 1 亩草地可以生产 38 个畜产品单位。这些国家草地采用集约的放牧制度，很早以前就采用围栏放牧、家畜混合放牧以及放牧与割草相结合的利用制度。第二种是草地资源丰富，草地管理多样化。如美国、加拿大和澳大利亚等国家，草原面积较大，草地畜牧业产值占农业总产值的 50％ 以上。栽培草地占草原总面积的 10％ 左右，主要为饲草料基地和永久放牧地，采用集约化经营方式。天然草原大多未经改良，草原生产力并不高，1 亩草原生产力不超过 4 个畜产品单位，主要为粗放式经营。另外，为了发展畜牧业，这些国家广辟饲料来源。首先，这些国家允许在国有林中放牧。美国各州共有森林放牧地 0.53 亿公顷，在中龄以上的森林中放牧，不但无损于林木，反而可以防止火灾。国有林内已划出上万个放牧单元，每个单元都有饮水装置，以很低费用租给牧民使用，并严格限制载畜量和放牧时间。通过这一措施，使美国可利用天然草地面积扩大了 1/3。其次，充分利用作物秸秆。全美国每年约利用作物秸秆 3 亿吨。同时，尿素在反刍动物瘤胃中可以合成氨基酸，牛、羊使用高纤维粗饲料时，辅以少量尿素，效率可以大大提高。经计算，美国生产的谷物秸秆，如经尿素处理后充分利用，足可保证 5 000 万头牛的饲料。再次，建立集中的饲料生产基地，主要种植玉米和苜蓿等，保障精饲料和高蛋白饲料的供应。最后，生产实现区域化。在天然草地为主的中部平原地区，只养牛犊和母牛。一般 4 月中旬产犊，5 月中旬以后母牛与牛犊一起在草地上放牧，10 月中旬之后草枯黄，犊牛出售外地育肥，只留下繁殖母牛，继续放牧，仅补饲少量精料。犊牛多在玉米产业带或农区育肥，一般喂养 250 天，体重达 450 千克时屠宰。第三种是草地管理粗放，生产力不发达。亚洲和非洲的许多国家如蒙古国、沙特阿拉伯、阿尔及利亚、叙利亚等均属这一类型。其草地面积都占较大比重。但是自然条件差，生产力低下，每 1 亩草地生产不到 1 个畜产品单位。以蒙古国为例，其草地面积约 1.2 亿公顷，多数是天然放牧地。由于蒙古国地处亚洲中部内陆，属典型的大陆性气候，温度变化剧烈，干旱少雨，加以土壤瘠薄，影响植物生长发育，草地载畜量很低，全国平均 4.7 公顷养一头牲畜，且抵御自然灾害能力低。

1. 美国草场管理利用实践

美国国土面积 936 万平方千米，草原面积达 2.4 亿公顷，约占国土面积的 40%；农田 28 亿亩，其中约 1/3 为牧草和人工草地。美国的草原开发利用仅有 300 多年的历史。自 17 世纪初开始移民至 1776 年宣布独立，总共发展到十几万人。那时，美国中西部大草原还是一片处女地，千万头野牛在草原上游荡。之后，随着欧洲移民的增加，才对北美草原进行了开发。1868 年修通铁路之后，草原的垦殖速度加快了。草原上的野牛很快被消灭，大面积草原被开垦为小麦田。同时，草原外围的森林也遭到迅速破坏，至 20 世纪初，原始森林减少了 5/6。由于对森林和草原的无限制开发和掠夺式利用，导致发生严重的环境问题。1934 年 5 月 11 日，发生了史无前例的黑风暴，这次风暴几乎席卷整个美国，使美国近半数农田受害，草原上垦殖的田地大量荒芜。美国农业部 1935 年统计，全国约 5 000 万公顷（7.5 亿亩）农田的肥力已丧失殆尽。此后，美国土地资源（特别是草原）的合理利用与保护问题引起了举国上下的重视，草原上的一些农田被封闭了。1934 年，美国农业部制定了放牧法，采取一系列措施防止过度放牧与土壤侵蚀对草原的危害。经过半个世纪的管理，到 20 世纪 80 年代，不但全面恢复了草原的生态平衡，而且使农牧业产品不断增加。

回顾美国草场管理的实践，第一阶段是从掠夺式经营利用到控制利用。美国自 19 世纪 60 年代，大批向中西部草原移民垦殖、粗放耕作及过度放牧，使草原遭受极大的破坏，环境质量迅速恶化。自 1934 年美国国会通过《泰勒放牧法》以来，掠夺式的经营方式开始扭转，逐渐对草原实行有秩序的利用、改良和改造。除了立法，美国国会在内政部设立土地管理局，在农业部设立林务局，负责实施《泰勒放牧法》，对国有草地、林地的出租，对产草量、载畜量的测定，实施国家投资的草场改良项目，治理水土流失，国家和私人合作开发项目等进行管理。在农业部设立土壤保护局，负责对私有草场的管理和监督。对私有草地各种技术数据进行检测，控制超载过牧。对家庭牧场进行技术咨询，根据其准确航标位置和资源情况帮助制定生产发展计划。

根据不同草场类型的特点，调整了生产结构及牧场上牲畜的种类和头数，制定了适当的放牧制度，总目标是控制利用，使草原得到恢复和改善。此外，还注意草原地区农田的土壤改良、水土保持等措施。为此，美国农业部在不同草原地区设立了 20 多个草原研究站，对不同草原类型的利用、改造问题开展了系统研究。一系列研究结果表明，在放牧利用条件下，采食量如果超过地上产量的 50%，则将引起草原退化，最终导致环境变劣，经济收入降低。因此，他们在草原利用中的一个重要措施是严格控制载畜量与放牧强度，使啮食率限制在地上产量的 50% 以内，以保持草原的生态平衡。由于这一原因，美国各地载畜量是不平衡的，如矮草草原，按其可食产草量计算，需 30～50 亩地养 1 只羊；东部高草草原，5 亩地养 1 只羊；高产人工草地 1 亩地即可养 1 只羊。可见，应根据饲草情况而安排牲畜。由于采取了上述措施，到 20 世纪 80 年代，美国草原上已看不到裸地和冲沟，退化草原已基本上得到恢复。

美国除了严格限制草原载畜量，为了发展畜牧业，广辟饲料资源，采取了一系列有力措施：第一是挖掘林间草地潜力。美国西部从 1905 年开始允许在国有林中放牧，后来遍及各州。因为在中龄以上的森林中放牧，不但对林木没什么伤害，反而可防止火灾。在国有林地内已划分出上万个放牧区，每个放牧区都有饮水装置与固定的范围，以很低的费用租给牧民利用，并严格限制载畜量与放牧强度。通过这一措施，使美国可利用天然草地面积扩大了 1/3，大大减少了草原区的压力。第二是充分利用作物秸秆。秸秆约占作物地上产量的一半，全美每年约生产 3 亿吨，蕴藏着巨额的能量，但人类不能直接利用。可是，反刍动物的瘤胃可以消化它们，因此美国提倡在种植区大量饲养反刍动物，以充分利用作物秸秆，作为发展畜牧业的一项重要政策。后来发现，尿素在反刍动物瘤胃中可以合成氨基酸，牛羊食用高纤维粗饲料时，如辅以少量尿素，效率可以大大提高。因此，以秸秆等高纤维粗饲料配合少量非蛋白氮作为牛、羊饲料，其潜力也是巨大的。第三是建立人工草地，大量贮备干草。早在 20 世纪初，美国就注意贮备干草，解决牲畜冬春饲草问题。最初，天然打草场占一定比例，后来逐渐被优质高产的人工草地所替代，而且储草数量逐年增长。目前人工草地面积不到草原总面积的 10%，但可利用干草产量却几乎等于全部天然草原的总产量，供应了羊和肉牛的全部冬季饲草及乳牛饲草的大部分。豆科牧草在人工草地中约占 60% 的面积，有效地提高了地力，支持了谷类作物的生产。可见，美国通过人工种草大大提高了草原生产力，并在解决饲草季节平衡方面起着决定作用。第四是建立永久牧场，提高草原生产力。美国除建立供割的人工草地外，还在不少地区建立半人工放牧场。即将劣质天然草地耕翻或清除，在非灌溉条件下播种优良牧草，而后再很少管理，和天然草地一样进行放牧。如美国西部蒿属草地，草质低劣，牲畜少食，对这类草场往往用拖拉机带动的大铁链将蒿类连根拔除，然后播种耐旱的沙生冰草，第三年即可改造成以禾草为主的优质放牧地，单位面积的畜产品可以提高几倍。这种草地经过一次改造可以维持 20 年以上。第五是在降水量较高的中部高草草原地区，进行连片垦殖，建立集中的粮料基地。美国高草草原的原始面积约 10 亿亩，这里气候湿润，土壤肥沃，有条件进行农作，已逐渐把这一地区开发为农田，种植玉米与牧草。这里是美国精饲料供应的主要基地。尽管随着人口的增长和粮食问题的出现，在畜牧业经营中饲草的比重越来越大，但绝不能忽视精饲料在牲畜营养平衡中的作用，尤其在冬季漫长、饲草季节不平衡的地区更是如此。美国全部饲料供应中，精饲料约占 47%，可见饲料基地在支持现代畜牧业的发展中起到了关键作用。第六是经营方式上讲究实效。根据社会需要，美国不断调整其生产结构。近几十年来，牛肉和羊羔肉的生产日趋增长，乳牛和羊毛生产日趋下降。草原上放牧一个生长季的羔羊，胴体重达 20～25 千克，对牧草的转化效率是相当高的。他们不单纯追求牲畜数量，着眼点是单位土地面积与劳动力的生产效率。为此，在以天然草地为主的中部平原地区，只养牛犊和母牛。第七是重视优良草种的引种、选育与生产。优良草种是人工草地的物质基础。在农业生产中，一个新品种的出现往往使产量大幅度提高，甚至由于新品种而导致了"绿色革命"。在草地经营上也同样如此。所以美国有关部门十分重视牧草种子的研究和生产，全国有 22 个植物材料选育中心，其研发的适应其本国及世界各种气候与土壤条件的草种（或品种），对人工草地的建立与牧草产量的提高起到了很大作用[12]。

　　但是，萨瑞（Sayre）和费尔南德斯-希门尼斯（Fernandez-Gimenez）的研究认为美国"租赁＋围栏＋承载力管理"的模式通过将放牧的影响扩散到更大的范围内从而使放牧压力分布得更均匀，同时降低放牧强度，在生态恢复上起到了积极的作用。虽然在林务局管理的草场内，载畜率的强制执行一直很严格，但是，在州属土地以及土地管理局所属的土地上，直到 20 世纪 70 年代，超越官方规定的载畜率实际上是经常发生的事情[52]。为了更加贴近实际，对草原进行更有效的管理，20 世纪 90 年代，美国国家科学家研究委员会草原分类委员会提出使用草原健康模型替代草原基况评价，为联邦政府部门建立一套草原分类、调查、监测的方法。1994 年，美国国土管理局开始制定"草原健康标准及家畜放牧管理指导方针"，并作为评价公共土地健康、维持生态结构与功能的政策依据。美国各州也相继制定了类似的"草原健康标准"和"放牧指导方针"[31]。

2. 澳大利亚草场管理利用实践

澳大利亚是以牧业为主的国家，干旱、半干旱地区占国土总面积的 74%，天然草场以放牧为主，这些方面与我国草原地区有相似之处。但这里大部分地区处于热带和亚热带，终年温度较高，如有水分供应，牧草四季常青，这与美国和我国草原地区有较大的不同。澳大利亚总面积约 770 万平方千米，草场 67.5 亿亩，占 58.7%；人工草地 4 亿亩。澳大利亚的开发仅有 200 多年的历史。1800 年，仅有上千头牛，6 000 多只绵羊。至 1940 年，即 140 年后，牛发展到 1 300 万头，约 1.2 亿只绵羊，奠定了现代畜牧业的基础。到 20 世纪 80 年代，全国范围内已建立维持稳定生产的现代化的草原畜牧业体系，并成为世界上最主要的羊毛及其他畜产品的输出国。

天然草地的利用方面，澳大利亚早在 20 世纪 30 年代畜牧业已经相当发达，绵羊达 1 亿只以上。那时人工草地少，在天然草原上放牧是对草场最主要的利用形式。1930 年前后，70% 的羊群在干旱、半干旱地区。当时降水量 250 毫米以下的干旱灌丛草场的载畜量比 80 年代高 3～4 倍。后来发现，这些地区的牲畜头数迅速增加，但接踵而来的是猛跌，然后稳定在最高头数 1/3 的水平。与此同时，草场上外来杂草丛生，土壤侵蚀，草群产量与质量变劣，而且长期得不到恢复。这时政府管理人员和牧场主都认识到，这样的管理缺乏科学基础。要使这些土地保持生产状态，就必须制定适合干旱区资源条件的管理措施，即调整牲畜头数以适应资源的负荷，或调整饲料供应以适应牲畜的需要。因此，现在普遍注意到牲畜对草场资源的积累效果，注意使载畜量适应草场真正的生产能力。而且在不同条件下，放牧场的载畜量应有所不同。就干旱区的天然草原而言，好的草场约 30 亩养 1 只羊，荒漠边缘则几百亩才养 1 只羊，大部分地区为 60～70 亩草场养 1 只羊。这样做虽然单位面积收益低，但由于面积大，投入劳动力少，投资水平低，所以仍被称为全世界效率最高的草地农业。此外，他们还设法建立人工草场，在干旱地区几乎全部保留原始植被，在澳大利亚东部及沿海的狭长地带集中建立人工草地，形成了一个人工饲草带。这里气候半湿润到湿润，不但适于播种牧草，而且有利于经营农业，不用太高的代价即可获得好的收成[12]。

3. 蒙古国草场管理利用实践

蒙古国国土总面积 156.4 万平方千米，拥有 1.11 亿公顷牧场，170 万公顷草场，畜牧业产值占农牧业总产值的 80%，占出口收入的 10%。蒙古国气候干旱、降水量少，冬季寒冷而漫长，夏季炎热而短暂，大风天气较多，月平均气温冬天最低达 −35℃，夏天最高达 35℃，属于典型的大陆性温带草原气候。

蒙古国有着悠久的游牧历史，在此过程中形成了自成体系的生态文化。蒙古民族在长期的生产实践中逐渐认识和领悟到，草原是一个复杂的、由各个系统关联互动的大系统。这种观点使得蒙古高原上的游牧民族产生了对自然界的敬畏心理，具体表现在古代蒙古民族萨满教的"万物有灵论"中。"万物有灵论"是构成规范和约束古代游牧人对草原资源保护、管理、利用和占有的内在制度之起源的核心价值体系[53]。1992 年，蒙古国实行牲畜私有化，牲畜头数逐年增长，从事畜牧业的牧户数量也逐步增多。随着牲畜头数的迅速增加，草原荒漠化问题逐渐突出。蒙古国政府及时发现并高度重视这一问题。1996 年通过了国家防治荒漠化纲领并制定了《防治荒漠化规划》，同年成立了国家预防荒漠化委员会并加入《联合国防治荒漠化公约》。除此之外，在联合国、世界银行等机构的资助下，蒙古国于 2005 年起实施了"绿色长城计划"，旨在蒙古国南部修建一个绿化带工程[54]。

当前，蒙古国放牧制度主要是采取季节游牧与倒场轮牧、营地分段放牧方式相结合的方式，按照草场利用的季节性分类，牧户把草场划分为四季营地，根据季节的变化在一定区域内轮序使用营地进行放牧和循环式迁移。在季节轮牧的基础上，牧户根据营地饲料储存量，把营盘牧场划分成不同地段，每日按地段进行放牧，当营盘四周全部利用后便转入下一个营盘。牧户也会根据气候情况和自然灾害，及时灵活调整营盘。这种放牧方式，在充分利用牧草资源的同时可以使得草场有休养生息的时间，有利于生态恢复。另外，蒙古国对牲畜激增的情形高度重视，在控制载畜量的同时，还积极推广优良品种，走牲畜良种化的道路。蒙古国《自然环境保护法》第 8 章对共同管理制度做出了详细规定。以社区为单位形成由多个牧户组成的共同管理自己所居住草原的团体，社区就使用的季节性草场和森林边界等与政府签订共同管理草场的合同，并在地图上做出标志，明确社区享有的权利和承担的义务。这种共同管理模式把保护和使用草原的权力转交给社区，由牧民对使用的草原采取管理措施和承担责任，使社区的每个牧户明确在生产活动中的权利和义务。一旦破坏了草原，整个社区的牧民都要依照与政府签订的合同来承担责任，使社区的各个牧户之间相互监督和约束彼此放牧行为[55]。

（二）国内草原管理实践

中国草原面积近 4 亿公顷，占全国土地总面积的 40%，是世界第三大草地资源国。我国草原地带性分布特点明显，分为北方干旱半干旱草原区、青藏高寒草原区、东北华北湿润半湿润草原区和南方草地区四大生态功能区。北方干旱半干旱草原区位于我国西北、华北北部以及东北西部地区，是我国北方重要的生态屏障。青藏高寒草原区位于我国青藏高原，是长江、黄河、雅鲁藏布江等大江大河的发源地，是国家水源涵养、水土保持的核心区。华北东北湿润半湿润草原区水热条件较好，是全国草原植被覆盖度较高，天然草原品质较好，产量较高的地区，也是畜牧业较为发达的地区。南方草地水热资源丰富，草原植被生长期长，产草量高。我国草原的利用至少也有三四千年的历史，到目前为止，大致形成了三种利用模式：第一种是以在天然草原上放牧牲畜为主的传统牧业经营形式，如我国北方草原牧区、青藏高原牧区及新疆山地草原和荒漠区。第二种是开垦草原为农田，进行粮食为主的农业生产，如黄土高原及东北平原的大部分。第三种是介于以上两种情况之间，为农牧交错或农牧并存区，如内蒙古高原的南部边缘、东北平原的一部分、鄂尔多斯高原的一部分[56]。

自 20 世纪 70、80 年代开始，草原退化和沙化问题日益显现，家户草场产权逐渐明晰，草场逐步承包到户。进入 21 世纪以来，为改善草原生态环境问题，国家陆续在部分省份实施了退牧还草、生态移民、京津风沙源治理、退耕还林（草）等工程。2011 年，我国在内蒙古、新疆、西藏、青海、四川、甘肃、宁夏和云南 8 个主要草原牧区实施草原生态保护补助奖励政策，2012 年将政策实施范围扩大到河北、山西、辽宁、吉林、黑龙江和黑龙江省农垦总局，覆盖全国 639 个县，涉及草原面积 3.2 亿公顷，占全国草原面积的 80% 以上，中央财政累计投入资金 773.6 亿元。2016 年，在上一轮补奖政策的基础上，出台了《新一轮草原生态保护补助奖励政策实施指导意见（2016—2020 年）》，新一轮补奖政策将补助奖励资金提高至每年 187.6 亿元，对禁牧补助和草畜平衡奖励分别提高至每年 7.5 元/亩和 2.5 元/亩。2021 年 8 月，财政部、农业农村部、国家林业和草原局联合印发《第三轮草原生态保护补助奖励政策实施指导意见》（财农〔2021〕82 号），明确"十四五"期间，国家继续实施第三轮草原生态保护补助奖励政策，并增加了资金投入，扩大了政策实施范围。当前，我国形成了以草原生态补奖和鼓励草地流转为主的草地管理政策体系。

内蒙古草原是我国草地资源的重要组成部分，也是重要的生态屏障和畜牧业发展基地，天然草原面积 13.2 亿亩，占全国草原总面积的 22%。内蒙古自治区从东向西依次分布着温性草甸草原、温性典型草原、温性荒漠草原、温性草原化荒漠和温性荒漠类五大地带性草原类型，占全区草原总面积的 89%；还隐域分布着山地草甸类、低平地草甸类和沼泽类 3 类非地带性植被，占全区草原总面积的 11%。《2021 年内蒙古自治区草原监测报告》显示，2021 年内蒙古自治区草原植被覆盖度为 45.03%，草原生产力为 58.89 千克/亩，平均植被高度为 26.31 厘米。同年，全区天然草原产草量 6 726.98 万吨，人工草地产草量 451.44 万吨，青贮储量 1 335.28 万吨。全区全年可食饲草总储量为 3 693.91 万吨。其中天然草原可食饲草储量为 2 980.24 万吨，人工草地及青贮可食储量为 713.67 万吨。2021 年全区天然草原暖季可食饲草总储量为 1 723.03万吨，暖季承载力为 6 102.77 万羊单位，冷季可食饲草总储量为 1 257.21万吨，冷季承载力为 3 378.85 万羊单位；全区人工草地及青贮饲草承载力为 1 086.26 万羊单位。天然草原全年载畜能力为 27.10 亩/羊单位，其中暖季载畜能力为 18.43 亩/羊单位，冷季载畜能力为 33.29 亩/羊单位。截至 2021 年 7 月 20 日，全区适度放牧利用区面积 58 063.53 万亩；预警区面积为 23 443.80 万亩，占全区天然草地总面积的 28.76%。其中，中度放牧利用预警区面积 16 620.36 万亩，重度利用预警区面积 6 823.44 万亩。

内蒙古草原管理利用有着几千年的历史。到 20 世纪初，内蒙古高原草场制度是建立在封建王公制上，基本上依赖单一畜牧业以及少量不固定的粗放种植业。草原作为畜牧业的基本生产资料，为王公贵族和宗教上层领袖所有和牧民共用。牲畜作为畜牧业的另一种生产资料，大部分为牧主所有和牧民所养，一部分为王公、商人、庙仓所有。由于封建统治下的强行摊派、无偿劳役、内外不等价交换等盛行，蒙古高原整体经济社会倒退成为一种必然。1947 年内蒙古自治区成立，废除了封建特权，草场归内蒙古民族所有，牧区人民共同使用草场。牧主占有主要的牲畜资源，通过租佃的形式租给牧民，但剥削的量和手段远没有封建统治者那样多。1953—1958 年内蒙古牧区进入社会主义改造时期，逐步从互助组、初级合作社到高级牧业生产合作社的阶段，随后又进入人民公社时期，一直到 1983 年前后才正式解体。这一时期，内蒙古牧区畜牧业生产集体化程度逐渐提高，实现了个体户无法建立的秋季打草冬季储草、牲畜棚圈建设、牲畜改良等畜牧业保障措施和现代化设施，兼顾生产与牧民生活，使得内蒙古畜牧业进入了新的发展阶段。同一时期内蒙古的外来人口增加，耕地面积也前所未有地扩大，挤掉了一部分畜牧业生产用的草场和劳动力。虽然集体化对畜牧业生产带来了众多益处，但也由于计划经济、社队财务管理等问题逐渐瓦解[54]。

1981 年，在中国农村推进以家庭为单位的联产承包责任制的影响下，内蒙古牧区重新肯定了"苏鲁克""三定一奖""两定一奖""队有户养""专业承包、联产计酬"等多种牧业生产责任制，牧区也实现了"包本承包，少量提留，费用自理，收入归己"的"大包干"责任制。1982 年内蒙古自治区政府决定将现有草场的所有权固定到国营农牧场、人民公社的基本核算单位，并将使用权按照各地不同的牧业生产责任制形式，分别固定到作业组、畜群、专业养殖户长期不变。在此后不到一年的时间，内蒙古牧区实现了"牲畜作价，户有户养"的生产责任制，同时也推进了"草场公有，承包经营"的办法。1984 年内蒙古自治区召开牧区工作会议，进一步明确了牧区工作的方针政策和任务，要求进一步落实完善牲畜、草原的双承包制度。同一时期内蒙古牧区完成了嘎查苏木的建设，实现了政社分开。1984 年 6 月颁布了《内蒙古自治区草原管理条例》，各地根据有关规定，按照承包牲畜的品种和数量，将草原使用权以及管理、利用、建设、保护的责任长期固定到新的基层生产单位，将草原的使用权和所有权分离。牧民不仅有了发展牲畜的自主权，也有了管理、保护、使用和建设草原的主动权。1987 年内蒙古赤峰阿鲁科尔沁旗、巴林右旗和乌拉特中旗等地开展了草牧场有偿承包使用试点工作，1989 年，在认真总结"草畜双承包"责任制的基础上，内蒙古自治区政府提出并实施了草原"双权一制"。即草原的所有权、使用权和有偿承包制。这一时期，各种生产要素也逐步实现商品化。特别是，1999 年以后内蒙古自治区先后出台了《内蒙古自治区草原承包经营流转办法》《内蒙古草畜平衡暂行规定》，规范了草原经营流转机制，优化了草原资源市场化流转。同时，内蒙古自治区进一步放开牛羊活畜市场，牛、羊和牛肉羊肉价格一律实行市场调节。1996 年 11 月，内蒙古自治区人民政府发出《进一步落实完善草原"双权一制"》的规定，到 1997 年底，全区已落实草原"双权一制"的有 44 个旗（县、市），承包草场面积达到 5 100 万公顷，占全区可利用草场面积的 80.27%。2000 年，取消有偿使用草原的规定，农牧民可以无偿使用已经承包到户的草原[18]、[20]、[57]。草场二轮承包之前，牧民由于受传统文化和生产方式影响，对草场产权观念淡漠，但是二轮承包后草场使用权 30年不变，增强了牧民草场使用权的权属意识，把更多资金用于生产建设上，尤其是网围栏建设上。在饲养方式上，逐步实现由自然放牧向舍饲、半舍饲转变。在经营方式上，实现粗放经营向集约化经营转变。在增长方式上，实现由单一数量增长型向质量效益型转变。当前，我国形成了以草原生态补奖和鼓励草地流转为主的草地管理政策体系。

三、草原管理研究热点与趋势

草原管理是规划草原和进行草原生产经营的综合措施，目的是在保持草原生态平衡和不损害草原资源的前提下，从草原上获得量多质优的牧草和家畜与野生动物产品。现行草原管理中最重要的政策为草原生态保护补助奖励政策，落实草原禁牧和草畜平衡制度是该项政策的重要内容，也是当前草原管理的重点。通过前两轮政策的实施，全国 12.1 亿亩草原通过禁牧封育得以休养生息，26.1 亿亩草原通过季节性休牧轮牧和减畜初步实现草畜平衡，草原生态进一步恢复，草原牧区农牧民收入持续增长，草牧业生产方式加快转变，牧民保护草原意识明显增强，牧区生产生活生态在保护中发展，草原生态保护取得了显著的阶段性成效。2021 年 12 月，国家林业和草原局办公室、农业农村部办公厅联合印发《关于落实第三轮草原生态保护补助奖励政策切实做好草原禁牧和草畜平衡有关工作的通知》；为进一步巩固提升草原生态保护成果，"十四五"期间继续在内蒙古等 13 个省（自治区）以及新疆生产建设兵团和北大荒农垦集团有限公司实施第三轮草原生态保护补助奖励政策，财政部、农业农村部、国家林草局联合制定印发《第三轮草原生态保护补助奖励政策实施指导意见》。第三轮草原生态保护补助奖励政策投入资金有增无减，实施范围进一步扩大。因此，本节针对当前草原政策下草原管理研究热点与趋势进行分析，为草原管理研究提出参考。

（一）草原管理研究文献来源与研究方法

1. 数据来源

数据来源于中国知网（China National Knowledge Infrastructure，CNKI）数据库，具体检索步骤如下：

（1）确定草原管理检索主题。 围绕草原，从草原管理主题出发，进一步结合草原管理政策，增加对草畜平衡和禁牧进行主题检索。

（2）确定草原管理检索范围和检索时间。 检索范围为中文文献，为进一步保障研究文献质量，选取核心期刊、CSSCI 期刊和 CSCD 期刊论文为对象，经过预检索，最早的草原管理核心期刊论文出现于 1993 年，检索开始年限设定为 1993 年，为有效包含现行所有文献，检索截止年限设定为 2022 年，因此，检索时间限定于 1993—2022 年。设置条件一次检索。在专业检索下的学术期刊数据库中按照选定主题与题名、期刊来源和检索时间，设计检索式进行文献检索。检索条件：（SU＝草原管理＋草畜平衡＋禁牧）OR（TI＝草原管理＋草畜平衡＋禁牧）同时勾选来源类别为"北大核心""CSSCI""CSCD"。检索到的文献总数为 287 篇。

（3）人工筛选二次检索。 对一次检索数据进行人工筛选，选择中文期刊，剔除公告、通知等与草原管理有关但没有学术价值或价值不大的研究文献，最终筛选出 275 篇，通过文献导出功能，保存为 Refworks 格式。

2. 研究方法

本节采用的研究方法为文献计量学，运用软件包括 CNKI 可视化模块和 CiteSpace 文献计量分析软件。

（1）CNKI 可视化模块。 利用 CNKI 数据库中的计量可视化分析功能模块对草原管理研究文献高被引论文进行分析，厘清草原管理研究重要文献的基本信息。

（2）CiteSpace 文献计量分析软件。 利用 CiteSpace 软件中关键词共词分析、聚类和突现词等功能对草原管理进行可视化分析，可视化分析草原管理的热点及趋势。涉及文献计量模型如下：

①共词分析。共词分析方法最早在 20 世纪中后期由法国文献计量学家提出。1986 年，法国国家科学研究中心 CNRS（Centre National de la Recherche Scientifique）的 M. Callon、J. Law 和 A. Rip 出版了《Mapping the Dynamics of Science and Technology》。共词分析经过 30 多年的发展，方法已经被广泛应用到许多领域。共词分析法利用文献集中词汇对或名词短语共同出现的情况，来确定该文献集所代表学科中各主题之间的关系。一般认为词汇对在同一篇文献中出现的次数越多，则代表这两个主题的关系越紧密。共词分析就是以此为原理，将文献主题词作为分析对象，利用多种统计分析方法，把众多分析对象之间错综复杂的共词网状关系简化为以数值、图形直观地表示出来的过程。本节共词分析对导入草原管理文献数据进行热点分析，采用余弦指数进行表示，余弦指数计算公式为：

$$Cosine = \frac{H_{ij}}{\sqrt{G_i G_j}} \qquad (1.1)$$

其中，$Cosine$ 为余弦指数，H_{ij} 为关键词 i，j 在导入文献数据库中的共现频次；G_i，G_j 为关键词 i，j 在导出文献数据库中的出现频次。

②聚类分析。为了更好地表现知识图谱中节点的全局重要性，本书采用中介中心性来衡量知识图谱中每一个节点的重要程度，中介中心性数值越大，其重要性越大，这些节点代表了学科重要的研究方向。关键词的中介中心性是指在共现网络中具有较大影响力，或是具有较大中介桥梁作用的关键节点，中介中心性数值越高，节点的重要性也越大，去除这些点之后对网络传输影响也越大。中心性计算公式为：

$$Z_i = \frac{1}{M}\sum_{j=1}^{m} F_{ij} - \frac{1}{N}\sum_{g=1}^{n} F_g \quad (i=1,\ 2,\ \cdots,\ k) \qquad (1.2)$$

其中，Z_i 为第 i 个关键词的中心度；$\dfrac{1}{M}\displaystyle\sum_{j=1}^{m} F_{ij}$ 为第 i 个聚类中 M 个关键词的共现频次；$\dfrac{1}{N}\displaystyle\sum_{g=1}^{n} F_g$ 为 N 个关键词的共现频次。

③突现词。突现词（burst word）是指短时间内出现频次发生较大变化的关键词，可以在一定程度上反映研究主题发展的前沿趋势，突现词的强度则表示该关键词在短时间出现频次骤增的程度。通过 CiteSpace 的 Burst detection 对关键词共现图谱进行突现性分析。突现度是指关键词达到阈值的平均共现时长的离差。突现词强度计算公式为：

$$TD_i = \frac{1}{M}\sum_{j=1}^{m} Y_{ij} - \frac{1}{N}\sum_{g=1}^{n} F_g \quad (i=1,\ 2,\ \cdots,\ k) \qquad (1.3)$$

其中，TD_i 为聚类 i 的突现度；$\dfrac{1}{M}\displaystyle\sum_{j=1}^{m}Y_{ij}$ 为第 i 个聚类 M 个关键词的年平均共现数，$\dfrac{1}{N}\displaystyle\sum_{g=1}^{n}F_g$ 为 N 个关键词的年平均共现数。

（二）草原管理研究热点

1. 草原管理高被引文献分析

随着文献计量学在科研成果评价中的广泛运用，期刊的影响因子和论文的被引频次日益受到广大科研人员和期刊编辑的关注。对文献的被引频次进行统计，既能了解该领域的基础文献及最受关注的议题方向，也便于寻找高质量和高受认可度的文献。被引频次排名前 5 的文章代表草原管理研究领域比较具有传播力和影响力的文献，进一步对下载次数进行分析，发现被引次数和下载次数存在很强的正相关（表 1-1）。

由表 1-1 可知，5 篇高被引文献的引用率均在 100 以上，总被引用次数为 608 次，平均被引为 121.6 次，发表年度为 2006—2012 年。进一步，对上述 5 篇论文的篇关摘进行词频分析（图 1-3）。

表 1-1 草原管理研究重要文献分析

序号	题名	作者	作者单位	期刊	关键词	发表年度	被引频次	下载次数
1	基于 CVM 方法分析牧民对禁牧政策的受偿意愿——以锡林郭勒草原为例	杨光梅，闵庆文，李文华，刘璐，荣金凤，吴雪宾	中国科学院地理科学与资源研究所，北京师范大学环境学院，江西师范大学地理与环境学院，内蒙古锡林郭勒盟畜牧气象研究所	生态环境	禁牧；条件价值评估法；受偿意愿；锡林郭勒草原；生态补偿	2006	155	1 505
2	放牧，草原生态系统存在的基本方式——兼论放牧的转型	任继周	草地农业生态系统国家重点实验室，兰州大学草地农业科技学院	自然资源学报	放牧；草原生态系统；转型；划区轮牧	2012	119	1 997
3	中国草原适应性管理研究现状与展望	侯向阳，尹燕亭，丁勇	中国农业科学院草原研究所，兰州大学草地农业科技学院	草业学报	生态系统管理；适应性管理；参与式管理；草原管理	2011	114	1 329
4	青藏高原载畜能力及草畜平衡状况研究	钱拴，毛留喜，侯英雨，伏洋，张海珍，杜军	国家气象中心，青海省气象局，西藏自治区拉萨市气象局	自然资源学报	天然草地；补饲；载畜能力；超载率；青藏高原	2007	113	1 486

（续）

序号	题名	作者	作者单位	期刊	关键词	发表年度	被引频次	下载次数
5	围栏禁牧对内蒙古典型草原群落特征的影响	闫玉春，唐海萍	北京师范大学地表过程与资源生态国家重点实验室，北京师范大学资源学院资源科学研究所	西北植物学报	围栏禁牧；典型草原群落；群落特征；影响	2007	107	819

图 1-3　草原管理高被引文献词云分析

由图 1-3 可知，草原管理高被引文献都是围绕草原、草地、牧民开展，针对禁牧、放牧围封、适应性、草畜平衡开展的相关研究，具体论文分析如下。

杨光梅等[58]基于条件价值评估法（Contingent Valuation Method，CVM）分析牧民对禁牧政策的受偿意愿进行研究。选用锡林郭勒草原为案例区域，通过入户调查及在那达慕大会集中调查相结合的方式，调查锡林郭勒草原地区牧民对禁牧措施的态度和受偿意愿。分析结果显示，53%的牧民愿意参加禁牧，而不愿意参加禁牧主要是由于补偿标准不合理引起的。计量经济学模型分析表明，牧民对禁牧的支持态度与牧民的收入和草地面积呈正相关，与养羊数量呈负相关。牧民的受偿意愿由牧民养羊数量、受教育年限、草地现状以及对禁牧政策的支持程度决定。根据意愿调查法初步估算锡林郭勒草原地区禁牧措施实施后牧民的补偿意愿，牧民家庭对禁牧政策的平均受偿意愿为每年每户 27 717元，人均受偿意愿为 8 399 元，平均每公顷草地受偿意愿为 85.95 元。

任继周院士认为放牧是草原生态系统存在的基本方式[59]。放牧是国内外普遍运用的土地管理的基本手段，至今全球陆地大约半数以上处于放牧管理之下。但受传统农耕文化的影响，我国当前对放牧管理系统存在很多误解，尤其是把草原的生态恶化、牧区贫困、文化落后都归责于草原放牧，导致禁牧盛行。从放牧的基本内涵看，当前我国草原所面临的问题，不在放牧本身，而是对放牧认识的不足和放牧管理的缺陷，割裂了人居-草地-畜群之间的联系。从历史角度看，放牧做出了巨大贡献。而随着社会和科技的进步，放牧历经原始游牧期、放牧转型期与放牧现代化时期三阶段。西方发达国家在 20 世纪 30 年代就实现了放牧的现代化转型。畜牧业现代化的核心是以人居-草地-畜群放牧系统单元为内核的划区轮牧。划区轮牧是一种开放的农业技术体系，具有多种方式，适应于不同的农业系统，可兼顾生态与生产的需求，是草地放牧管理的重大进步。为了实现草原生态系统的生态和经济双重效应，我国畜牧业应该尽快实现草原管理和放牧的现代化转型。这是我国草地畜牧业现代化的必经之路，也是现代农业的必要内涵。

侯向阳等对适应性管理理论与实践进行研究，认为已有的草原管理模式难以应对草原生态系统的动态性、不确定性等复杂性特征[60]。适应性管理是管理动态、不确定性系统的有力工具之一，分析了我国草原适应性管理的重点任务，提出加强草原生态系统基础研究、整合多维度理论、知识与方法、开展模式示范、构建数字草原信息网络、提高监测预测能力等重要措施，为全面开展草原适应性管理，遏制我国草原退化，维持系统稳定并提高草原生产力水平奠定基础。

钱拴等提出青藏高原草地植被和牲畜是影响该地区生态环境的主要影响因素[61]。利用 2003—2004 年青藏高原天然草地产草量观测资料，经过 GPS 定位，与 NOAA/AVHRR 植被指数建立了天然草地产草量反演模型及不同区域尺度天然草地年最大产草量、载畜量估算模型；同时，利用粮食、油菜、青饲料等农产品产量和林地面积等资料，估算了青藏高原精、粗饲料的载畜能力，分别建立了天然草地以及考虑补饲后的草畜平衡监测模型，分析了青藏高原及其县、地、省等不同区域天然草地以及区域总体牲畜承载能力和草畜平衡状况。结果表明，青海和西藏在天然草地和农业等其他补饲共同承载下，2003—2004 年年平均最大载畜能力分别为 $3\,140\times10^4$、$2\,865\times10^4$ 只标准羊单位，超载率分别为 16%、78%，两个省份平均超载率为 45%。

闫玉春和唐海萍采用同样方法对内蒙古典型草原区围封和未围封样地的植物多样性、群落高度、盖度、地上与地下生物量进行实地调查分析，以研究围栏禁牧对草原植物群落特征的影响[62]。结果表明，围封相对于放牧在一定程度上可以维持和保护植物多样性和丰富度，但围封时间过长将不利于其维持较高的生产力。

2. 草原管理研究热点分析

基于文献计量学，运用 CiteSpace5.8.R3 进行可视化分析。第一步，数据导入，将 CNKI 数据库中的草原管理文献数据导入 CiteSpace；第二步，数据转化，利用 CiteSpace 数据转化功能，将数据转化为可处理格式；第三步参数设置，时间设定为 1993—2022 年，选择 keyword（关键词），其他为默认；第四步 CiteSpace 计算，计算关键词的出现频次和中心度。研究热点采用关键词出现数量、频次及中心度进行筛选，其中中心度反映关键词之间的连接关系，反映某一关键词的重要性，草原管理关键词频率和中心度（表 1-2）。进一步结合文献研究内容，草原管理研究领域研究热点可归纳为：草原禁牧制度、草畜平衡制度。

表 1-2　1993—2022 年草原管理领域关键词频率和中心性

序号	频率排名		中心度排名	
	关键词	频次	关键词	中心度
1	草畜平衡	83	草畜平衡	0.92
2	禁牧	36	禁牧	0.51
3	减畜行为	32	禁牧政策	0.20
4	禁牧政策	19	封山禁牧	0.18
5	盐池县	13	宁夏	0.13
6	载畜量	13	畜牧业	0.11
7	产草量	8	生态补偿	0.10
8	封山禁牧	8	盐池县	0.09
9	草原管理	8	草原管理	0.09
10	生物量	7	内蒙古	0.08
11	内蒙古	6	农牧民	0.08
12	天然草地	6	血吸虫病	0.08
13	放牧	6	生态建设	0.08
14	生态补偿	6	生物量	0.06
15	典型草原	5	影响因素	0.06
16	农户	5	养羊业	0.06
17	农牧民	5	载畜量	0.05
18	围栏封育	5	围栏禁牧	0.05
19	围栏禁牧	5	新疆	0.05
20	影响因素	5	恢复	0.05

（1）草原禁牧制度研究。草原禁牧制度是指对草原实行一年以上禁止放牧利用的保护措施。在学术界，对于草原禁牧制度的研究已有时日，特别是对于禁牧制度有效性的不同认识一直相伴其间。例如，禁牧政策的现实环境并没有改善，过渡性政策远没有达到预期目的，而且禁牧政策对草原生态的恢复只能在一定程度上起到有限的作用，并不是禁牧时间越长草场恢复得越好，禁牧时

间越长，反而有可能不利于草场的健康恢复。禁牧政策得不到禁牧对象的支持，显然达不到预期效果，农牧民对禁牧政策的不支持会导致草地退化并形成禁牧政策和农牧民短期行为之间的恶性循环，必须充分协调好各个利益主体之间的关系，即国家与地方草地畜牧业、农牧民收入与其生产规模、生态保护与产业发展之间的关系。政府的补助资金无法缓解包括分割草地的围栏、种植牧草、草地管理和维护等草地生产成本提高而增加的农牧民经济负担，导致偷牧现象不断发生。在禁牧政策的深化过程中，"禁"绝非上策，不能因噎废食，也不应该成为管理的既定目的，应该注重"禁"和"放"的结合。究其原因，当前禁牧制度未能完全实现预期目标的原因固然是多方面的，但其中的关键在于对禁牧制度的正当性和合理性认识偏差以及制度功能的不健全不完善。因此，只有在遵循生态系统客观规律基础上，正确处理好各种利益关系并构建出权利义务明确、损益补偿制度健全、法律责任配置适度的禁牧法律制度体系，才能保障禁牧制度的有效实施和预期实现。

禁牧制度推行，使全国草原生态环境持续恶化势头得到了初步遏制，草原生态总体向好。但是，禁牧制度作为草原法中的一项基本制度，并没有对各利益主体间在保护与开发利用草原资源过程中所产生的各种法律关系做出全面的调整，也未能充分考量和反映农牧民利益诉求和权利主张及损益补偿，授权不充分、执法不到位、监管不得力的问题也十分明显，应当认真总结各地禁牧工作的经验教训，特别是要梳理分析存在的突出问题，对草原法进行全面的修改完善，尽早出台基本草原保护条例，构建更加优化和科学合理的禁牧法律制度体系。

（2）草畜平衡管理研究。草畜平衡管理是指草原上生产的、可供合理利用的饲草量与放牧牲畜所需的饲草量保持动态平衡。草畜平衡这个概念提出的时间，主要是由于过去很长一段时间牲畜数量大大少于草场面积。改革开放以后，牲畜头数大量增加，特别是 21 世纪前后，草原大面积退化沙化之后，才引起人们的重视，出现草畜平衡的概念。这个概念对草场和牲畜两方都很重要，两者是矛盾的关系，牲畜是矛盾的主要方面。但牲畜靠草场维系生命，没有草场就没有草原畜牧业，草场的超载过牧、掠夺式利用，对草场带来致命的伤害。对草场来说，适度放牧，使牧草得以更新、牲畜的粪便为草场提供肥料等，对保持草场质量有利。

实行草畜平衡的目的是，把超载的牲畜减下来，保持草场质量，保护草原生态。保持草场质量，就是保持草场牧草的高度、密度、植被覆盖度、植物种类多样性和产草量的稳定性。实行草畜平衡，要根据草场面积和产草量确定放养牲畜羊单位数量，严禁草场超载过牧，从而保护草原生态，实现草原资源永续利用。牲畜是牧民主要的生产资料，牲畜越多、卖得越多收入越高。既要减少放养牲畜、实现草畜平衡，又要增加牧民收入，两者兼顾的途径是推进牲畜品种改良、转变生产方式、提高牲畜质量。可以说，实现草畜平衡是推进牲畜品种改良、畜牧业结构调整和转变生产方式的倒逼机制。养殖良种牲畜，只有使用适合良种牲畜的饲养方法，才能取得应有的经济效益，否则事倍功半。养殖良种牲畜，转变饲养方式，在此基础上推进适度规模经营，可以取得更高的经济效益。实现草畜平衡，必然促进家庭牧场、牧民合作社等新型畜牧业经营主体发展。可见，实现草畜平衡，有利于提高草场质量，有利于调整畜牧业结构、改良牲畜品种、转变畜牧业发展方式，有利于培育新型畜牧业经营主体、推进适度规模经营，有利于持续稳定增加广大牧民收入、满足牧民过上更加美好生活的需求。总之，实现草畜平衡，是建设现代化牧区、发展现代畜牧业的基本前提。

（三）草原管理研究趋势

基于文献计量学，继续运用 CiteSpace5.8.R3 进行可视化分析，采用共现、聚类、突现词等软件功能直接生成知识图谱，可视化呈现草原管理的研究趋势，为下一步明确该领域的研究方向提供判断依据。

1. 研究热点分析

运用 CiteSpace5.8.R3 软件进行关键词聚类分析，分析得出关于国内草原管理研究领域关键词有效聚类共 14 个类别，包括"草畜平衡""禁牧政策""禁牧""草原管理""生物量""封山禁牧""社区""放牧场""消费支出""产草量""血吸虫病""围栏禁牧""舍饲养畜""草场承包"。上述聚类代表了我国草原管理研究领域的具体研究热点。

2. 研究前沿分析

分析关键词的突发性可知不同时段草原管理研究前沿情况。图 1-4 显示了 1993—2022 年我国草原管理引文爆发最强的 25 个关键词突现情况。突现强度最强的关键词是"减畜行为"，突现强度为 6.46。突现强度大于 2 的关键词共 7 个，按突现开始时间排列主要包括"减畜行为""封山禁牧""禁牧""血吸虫病""载畜量""农户""草畜平衡"等。

通过草原管理关键词变迁 Timeline 时间线视图和突现词视图，能够得出演进阶段内关键词短期激增及关键词动态变化情况，掌握草原管理研究领域的研究重点及演进过程。结合发文量的特征以及对文献的研读，可以大致了解草原管理的研究重点以及草原管理研究演进趋势。

结合草原管理研究关键词聚类 Timeline 趋势图和突现词图谱，以及草原生态补助奖励政策、生态文明建设、双碳目标、大食物观、草种业、国家草原自然公园和智慧草原管理等最新草原管理政策，对草原管理研究前沿分析如下：

一是草原禁牧管理制度完善研究。以习近平新时代中国特色社会主义思想为指导，深入践行"绿水青山就是金山银山"的发展理念，坚持以"生态优先、绿色发展"为导向，将禁牧与放牧有机结合起来，探索草原生态产品价值实现机制。未来需要积极开展草原生态动态监测，科学评估草原生态和生产力状况，科学划定禁牧区域。对前两轮实施禁牧的草原植被恢复达到解禁标准的，要及时转为草畜平衡区，退化和沙化明显的草畜平衡区要及时调整为禁牧区。通过优化调整草原禁牧区和草畜平衡区，实现对草原的科学有序利用，实现生态和生产统筹、保护和发展兼顾。各地要根据地区实际情况，采取有力措施，切实加强禁牧管理和政策宣传，确保真禁牧、禁得下、管得住。要积极协调当地立法部门，加快推进相关法规规章制定，为落实和完善禁牧制度提供法律保障。因此，未来对草原禁牧管理制度完善的研究，将是草原管理研究前沿之一。

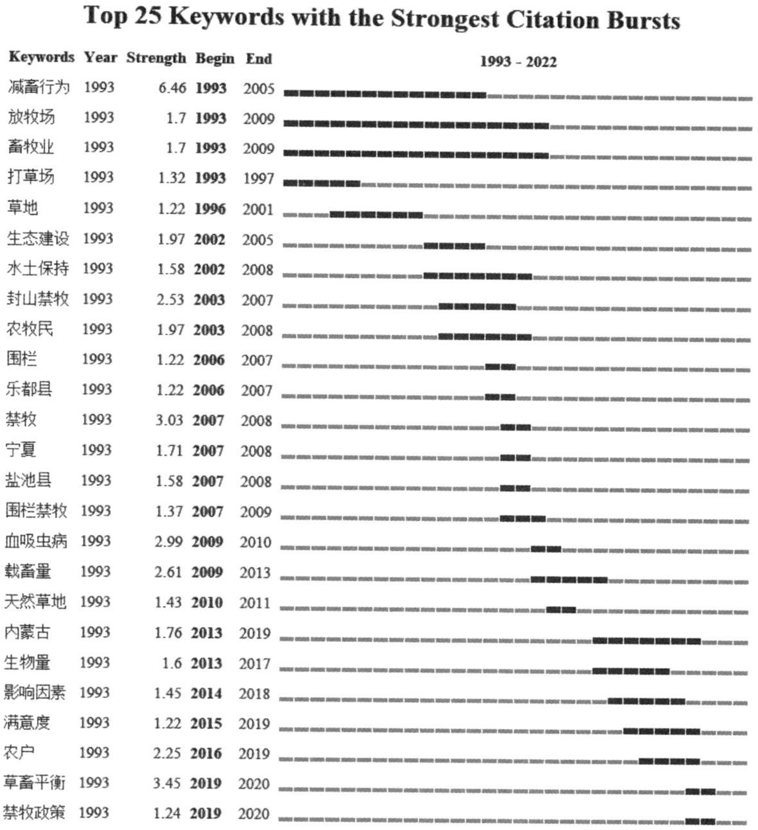

Top 25 Keywords with the Strongest Citation Bursts

Keywords	Year	Strength	Begin	End	1993 - 2022
减畜行为	1993	6.46	1993	2005	
放牧场	1993	1.7	1993	2009	
畜牧业	1993	1.7	1993	2009	
打草场	1993	1.32	1993	1997	
草地	1993	1.22	1996	2001	
生态建设	1993	1.97	2002	2005	
水土保持	1993	1.58	2002	2008	
封山禁牧	1993	2.53	2003	2007	
农牧民	1993	1.97	2003	2008	
围栏	1993	1.22	2006	2007	
乐都县	1993	1.22	2006	2007	
禁牧	1993	3.03	2007	2008	
宁夏	1993	1.71	2007	2008	
盐池县	1993	1.58	2007	2008	
围栏禁牧	1993	1.37	2007	2009	
血吸虫病	1993	2.99	2009	2010	
载畜量	1993	2.61	2009	2013	
天然草地	1993	1.43	2010	2011	
内蒙古	1993	1.76	2013	2019	
生物量	1993	1.6	2013	2017	
影响因素	1993	1.45	2014	2018	
满意度	1993	1.22	2015	2019	
农户	1993	2.25	2016	2019	
草畜平衡	1993	3.45	2019	2020	
禁牧政策	1993	1.24	2019	2020	

图 1 - 4　草原管理研究关键词突现图谱

二是草畜平衡管理制度完善研究。以现代科技手段为支撑，加强对草原面积、等级、植被构成、生产能力、生物灾害等草原基本状况实行动态监测；对牧草返青、牧草长势、盛草期定期监测；对草原保护制度、保护措施实施效果进行监测与评价，及时提供动态监测和预警信息服务，为开展草畜平衡工作提供依据。基于上述政策背景和理论背景，需要研究制定符合地区实际的草原载畜量标准，指导农牧民有效开展草畜平衡管理，并探索通过草原生态状况来评估草原放牧利用状况，作为判断是否超载过牧的依据。同时要进一步加强草牧业基础设施建设，推动草原畜牧业转型升级，为更好地实施草畜平衡制度奠定基础。因此，未来对草畜平衡管理制度完善的研究，将是草原管理研究前沿之一。

三是草原重要性和功能性研究。草原是我国重要的生态系统和自然资源，是重要的畜牧业生产基地，也是牧区和半牧区牧民的主要收入来源。草原不仅是物质产品的生产基地，也具有支撑功能（生物多样性保育、营养元素循环，碳固持）、调节功能（调节气候、提供清新的空气、洁净的水源和防止水土流失）和文化服务功能（旅游、娱乐及其他非物质的服务）。一方面，在国家生态文明战略和"双碳目标"背景下，草原作为天然的碳库，固碳减排潜力巨大，需要重视草原生态修复，发挥草原固碳减排方面的生态潜力；另一方面，在树立大食物观理念下，为保障全国人民肉奶等畜产品供应，需要进一步挖掘草原生产潜能。因此，未来对草原重要性和功能性的研究，将是草原管理研究前沿之一。

四是草种业管理研究。在草种业管理方面，我国存在草种自给率不高，资源本底不清，优异资源尚未被充分挖掘等突出问题。草种业健康发展，对于满足草原生态修复需求、破解草种业发展滞后等"卡脖子"问题，提升我国生态修复能力和生物产业发展，具有重要意义。2022年，《"十四五"全国饲草产业发展规划》提出，2025年饲草种子总体自给率达70％以上。随着各级政府和研究单位对草种业的重视，如内蒙古对破解草种业"卡脖子"难题予以重点专项支持，2021年11月中国农业科学院草原研究所牵头组织的内蒙古自治区草种业科技重大专项"优良乡土草种质创新与应用关键技术研究"项目正式启动，该项目由中国科学院曹晓风院士挂帅，联合中国科学院、中国农业大学等9家优势单位，采取跨单位、跨学科、跨专业、跨团队、跨领域的大联合大协作攻关模式，运用传统育种与现代分子育种技术相结合的方法，针对内蒙古自治区草地生态修复和草牧业发展的突破性草品种短缺、国产草品种遗传基础狭窄、新种质创制能力薄弱等短板问题，开展羊草、苜蓿等优良乡土草种质创新与应用关键技术攻关，着力突破草种业"卡脖子"问题，为促进草种业振兴和草业高质量发展提供技术支撑和品种保障。因此，未来对草种业发展的研究，将是草原管理研究前沿之一。

五是国家草原自然公园管理研究。草原自然公园是指具有较为典型的草原生态系统特征、有较高的生态保护和合理利用示范价值,以生态保护和草原科学利用示范为主要目的,兼具生态旅游、科研监测、宣教展示功能的特定区域。2020年,国家林业和草原局公布首批国家草原自然公园试点建设名单(表1-3),共39处,总面积14.7万公顷。草原自然公园是以国家公园为主体的自然保护地体系的重要组成部分,也是践行"绿水青山就是金山银山"理念、建设美丽中国的有效途径之一。草原自然公园建设的开启,对我国草原管理工作而言,可以说是革命性的转变。首批国家草原自然公园根据各自实际情况推进试点建设,取得不同进展:云南香柏场国家草原自然公园完成了总体规划编制工作,相关设施建设列入当地"十四五"规划,部分交通等设施开展了一些前期工作;内蒙古毛登牧场国家草原自然公园、四川格木国家草原自然公园总体规划均已完成,其中内蒙古毛登牧场国家草原自然公园在科研监测、保护修复试点等方面开展积极探索,取得系列成果;青海苏吉湾、蒙旗阿木赫等国家草原自然公园在生态旅游、草畜平衡示范等方面均取得良好试点成效;湖南南滩国家草原自然公园成立了专门的管理机构,并设置了8个事业编制名额。随着国家草原自然公园的设立,未来对国家草原自然公园的研究,将是草原管理研究前沿之一。

表1-3　我国草原国家公园

序号	名称	位置
1	内蒙古敕勒川国家草原自然公园	内蒙古自治区呼和浩特市新城区
2	内蒙古图牧吉国家草原自然公园	内蒙古自治区兴安盟扎赉特旗
3	内蒙古塔林花国家草原自然公园	内蒙古自治区赤峰市阿鲁科尔沁旗
4	内蒙古二连浩特国家草原自然公园	内蒙古自治区锡林郭勒盟二连浩特市
5	内蒙古白银库伦国家草原自然公园	内蒙古自治区锡林郭勒盟锡林浩特市
6	内蒙古毛登牧场国家草原自然公园	内蒙古自治区锡林郭勒盟锡林浩特市
7	内蒙古岗根锡力国家草原自然公园	内蒙古自治区锡林郭勒盟阿巴嘎旗
8	内蒙古东乌珠穆沁国家草原自然公园	内蒙古自治区锡林郭勒盟东乌珠穆沁旗
9	内蒙古贺兰草原国家草原自然公园	内蒙古自治区阿拉善盟阿拉善左旗
10	内蒙古沙尔沁国家草原自然公园	内蒙古自治区呼和浩特市土默特左旗
11	内蒙古宝日花国家草原自然公园	内蒙古自治区乌兰察布市四子王旗
12	内蒙古包日汗图国家草原自然公园	内蒙古自治区巴彦淖尔市乌拉特后旗
13	内蒙古乌拉盖国家草原自然公园	内蒙古自治区锡林郭勒盟乌拉盖管理区
14	内蒙古图布台国家草原自然公园	内蒙古自治区兴安盟科尔沁右翼前旗

（续）

序号	名称	位置
15	河北黄土湾国家草原自然公园	河北省张家口市塞北管理区
16	河北察汗淖尔国家草原自然公园	河北省张家口市尚义县
17	山西花坡国家草原自然公园	山西省长治市沁源县
18	山西沁水示范牧场国家草原自然公园	山西省晋城市沁水县
19	吉林万宝山国家草原自然公园	吉林省白城市镇赉县
20	湖南南滩国家草原自然公园	湖南省张家界市桑植县
21	湖南燕子山国家草原自然公园	湖南省永州市江永县
22	四川格木国家草原自然公园	四川省甘孜藏族自治州巴塘县
23	四川藏坝国家草原自然公园	四川省甘孜藏族自治州理塘县
24	四川瓦切国家草原自然公园	四川省阿坝藏族羌族自治州红原县
25	云南香柏场国家草原自然公园	云南省保山市隆阳区
26	云南凤龙山国家草原自然公园	云南省昆明市寻甸县
27	西藏那孜国家草原自然公园	西藏自治区拉萨市当雄县
28	西藏哲古国家草原自然公园	西藏自治区山南市措美县
29	西藏凯玛国家草原自然公园	西藏自治区那曲市色尼区
30	甘肃阿万仓国家草原自然公园	甘肃省甘南藏族自治州玛曲县
31	甘肃美仁国家草原自然公园	甘肃省甘南藏族自治州合作市
32	青海苏吉湾国家草原自然公园	青海省海北藏族自治州门源县
33	青海蒙旗阿木赫国家草原自然公园	青海省黄南藏族自治州河南蒙古族自治县
34	青海措日更国家草原自然公园	青海省黄南藏族自治州泽库县
35	青海红军沟国家草原自然公园	青海省果洛藏族自治州班玛县
36	宁夏西华山国家草原自然公园	宁夏回族自治区中卫市海原县
37	宁夏香山寺国家草原自然公园	宁夏回族自治区中卫市沙坡头区
38	新疆生产建设兵团天牧草原国家草原自然公园	新疆生产建设兵团第十四师一牧场
39	黑龙江八五四农场国家草原自然公园	黑龙江省鸡西市虎林市

六是智慧草原管理研究。随着新一代人工智能技术不断取得应用突破，全球加速进入智慧化新时代，人工智能将成为未来第一生产力，对人类生产生活、社会组织和思想行为带来颠覆性变革。2019年，国家林业和草原局印发《关于促进林业和草原人工智能发展的指导意见》，在智能化时代，草原管理抢抓人工智能发展机遇，深化智慧化引领，既是全面建成智慧草原管理的重要举措，更是草原顺应时代潮流、实现智慧化跃进的良好机遇。例如中国农业科学院草原研究所建成的智慧草原大数据综合监测平台，基于生态学理论方法与遥感应用前沿技术，针对草原资源"产-学-研-用"一体化监测、评价与管理的

需要，聚焦我国北方干旱半干旱区草地生态安全评价与生态资源可持续利用问题，基于"星-空-地"遥感立体观测技术、卫星导航、机器学习与大数据集成应用等技术，建立了多气象要素、干旱监测以及草原生产力高分辨率监测评价体系，实现了基于多传感器物联感知与家庭牧场大数据决策支持应用体系，在牧户尺度初步建成了草原精准放牧与动态评价应用模式，并通过手机应用程序牧民宝 App，结合无人机遥感地面飞行控制系统与家庭牧场信息化传感器基础设施服务于牧场畜牧业生产，将有力推动草原牧区乡村振兴建设，确保我国北方生态安全屏障安全与稳定，为草原生态系统安全评价与畜牧业可持续生产提供有力支撑。因此，未来对智慧草原管理的研究，将是草原管理研究前沿之一。

参考文献

［1］ Suttie J M，Reynolds S G，Batello C. Grasslands of the world ［M］. Rome：Food and Agriculture Organization of the United Nations，2005.

［2］ White R P，Murray S，Rohweder M. Pilot analysis of global ecosystems：Grassland ecosystems ［M］. Washington D. C：World Resources Institute，2000.

［3］ Briske D D. Rangeland Systems：Foundation for a conceptual frameworkl ［M］. //Briske D D. Rangeland systems：Process，management and challenge. Switzerland：Springer Cham，2017：1-25.

［4］ 邬建国. 生态学范式变迁综论 ［J］. 生态学报，1996，15（5）：449-459.

［5］ Clements E F. Plant succession：An analysis of the development of vegetation ［M］. Washington D. C：Carnegie Institution，1916.

［6］ Wu J G. Balance of nature and environmental protection：a paradigm shift ［M］. // Proceedings of the 4th international conference of Asia experts. Portland：Portland State Univ，1992.

［7］ Ellis J E，Swift D M. Stability of African pastoral ecosystems：Alternate paradigms and implications for development ［J］. Journal of Range Management，1988，41c，450-459.

［8］ Sampson A W. Succession as a factor in range management ［J］. Journal of Forestry，1917，15（5）：593-596.

［9］ Sampson A W. Plant succession in relation to range management ［M］. Washington，D. C：U. S. Dept. of Agriculture，1919.

［10］ Tansely A G. The use and abuse of vegetative concepts and terms ［J］. Ecology，1935，16（7）：284-307.

［11］ Dyksterhuis E J. Condition and management of range land based on quantitative ecology ［J］. Journal of Range Management，1949，2（3）：104-115.

［12］ 李博. 草原及其利用与改造 ［M］. 北京：农业出版社，1984.

［13］ 王庆瑞. 天祝牧场羊群的"野营座圈"对草场生产力影响的初步研究 ［J］. 甘肃师范

大学学报：自然科学版，1962，20（3）：1-7.

[14] 李世英，萧运峯. 内蒙古呼盟莫达木吉地区羊草草原放牧演替阶段的初步划分 [J]. 植物生态学报，1965，10（2）：200-217.

[15] 刘钟龄，王炜，梁存柱，等. 内蒙古草原植被在持续牧压下退化演替的模式与诊断 [J]. 草地学报，1998（4）：244-251.

[16] 王炜，梁存柱，刘钟龄，等. 草原群落退化与恢复演替中的植物个体行为分析 [J]. 植物生态学报，2000（3）：268-274.

[17] 吕达仁，陈佐忠. 内蒙古半干旱草原土壤-植被-大气相互作用 [M]. 北京：气象出版社，20C5.

[18] 盖志毅. 制度视域下的草原生态环境保护 [M]. 沈阳：辽宁民族出版社，2008.

[19] 达林太，郑易生. 真过牧与假过牧：内蒙古草地过牧问题分析 [J]. 中国农村经济，2012（5）：4-18.

[20] 韩念勇. 草原的逻辑 续（上）：草原生态与牧民生计调研报告 [M]. 北京：民族出版社，2018.

[21] 刘书润. 草原的思考 [M]. 呼伦贝尔：内蒙古文化出版社，2017.

[22] Kelly R D, Walker B H. The effects of different forms of land use on the ecology of a semi-arid region in south-eastern Rhodesia [J]. Journal of Ecology, 1976, 64（2）：553-576.

[23] Todd S W, Hoffman M T. A fence-line contrast reveals effects of heavy grazing on plant diversity and community composition in Namaqualand, South Africa [J]. Plant Ecology, 1999, 142（1）：169-178.

[24] Wiens J A. On competition and variable environments: Populations may experience 'Ecological Crunches' in variable climates, nullifying the assumptions of competition theory and limiting the usefulness of short-term studies of population patterns [J]. American Scientist, 1977, 65（5）：590-597.

[25] Pickett S, Parker V T, Fiedler P L. The new paradigm in ecology: Implications for conservation biology above the species level [M]. //Fiedler P L, Jain S K. Conservation biology. New York: Chapman and Hall, 1992：65-88.

[26] May R M. Thresholds and breakpoints in ecosystems with a multiplicity of stable states [J]. Nature, 1977, 269（5628）：471-477.

[27] Ellison L. The Ecological Basis for Judging Condition and Trend on Mountain Range Land [J]. Journal of Forestry, 1949, 47（10）：785-795.

[28] Hall C A. An assessment of several of the historically most influential theoretical models used in ecology and of the data provided in their support [J]. Ecological Modelling, 1988, 43（1）：5-31.

[29] Stoddart L A, Smith A D, Box T W. Range management [M]. New York and London: McGraw-Hill Book Company, 1975.

[30] 李文军，张倩. 解读草原困境：对于干旱半干旱草原利用和管理若干问题的认识 [M]. 北京：经济科学出版社，2009.

[31] 李向林. 草原管理的生态学理论与概念模式进展 [J]. 中国农业科学，2018，51（1）：191-202.

［32］ Archer S R，Stokes C J. Stress，disturbance and change in rangeland ecosystems ［M］．//Arnalds O，Archer S R. Rangeland desertification advances in vegetation science. Netherlands：Kluwer Academic Publishers，2000. 17-28.

［33］ Ellis J E. Climate variability and complex ecosystem dynamics：implications for pastoral development. Living with uncertainty ［M］．//Scoones I. New directions in pastoral development in Africa. London：Intermediate Technology Publications，1995：37-46.

［34］ Fernandez-Gimenez M E，Allen-Diaz B. Testing a non-equilibrium model of rangeland vegetation dynamics in Mongolia ［J］．Journal of Applied Ecology，1999. 36（6）：871-885.

［35］ Behnke R H，Scoones I. Rethinking range ecology：Implications for range management in Africa ［M］．//Behnke R H，Scoones I，Kerven C. Rangeland ecology at disequilibrium：New models of natural variability and pastoral adaptation in African savannas. London：International institute for Environment and Development，1992：1-30.

［36］ Scoones I. Living with uncertainty：New directions in pastoral development in Africa ［M］．London：Intermediate Technology Publications，1994.

［37］ 熊小刚，韩兴国，周才平．平衡与非平衡生态学下的放牧系统管理 ［J］．草业学报，2005（6）：1-6.

［38］ Bestelmeyer B T，Ash A J，Brown J R，et al. State and transition models：Theory，applications，and challenges ［M］．//Briske D. D. Rangeland systems：Process，management and challenge. Switzerland：Springer Cham，2017：303-346.

［39］ 闫海明，战金艳，张韬．生态系统恢复力研究进展综述 ［J］．地理科学进展，2012，31（3）：303-314.

［40］ Holling，C S. Resilience and stability of ecological systems ［J］．Annual Review of Ecology and Systematics，1973，4：1-23.

［41］ Pimm S. The complexity and stability of ecosystems ［J］．Nature，1984，307：321-326.

［42］ Briske D D，Illius A W，Anderies J M. Nonequilibrium ecology and resilience theory ［M］．//Briske D D. Rangeland systems：Process，management and challenge. Switzerland：Springer Cham，2017：197-228.

［43］ Gunderson L H. Ecological resilience - In theory and applications ［J］．Annual Review of Ecology & Systematics，2000，31：425-439.

［44］ Holling C S. Resilience of terrestrial ecosystems：local surprise and global change ［M］．//Clark W C，Munn R E. Sustainable development of the biosphere，1987：292-317.

［45］ Ostrom E. A general framework for analyzing sustainability of social-ecological systems ［J］．Science，2009，325（5939）：419-422.

［46］ Westoby W，Walker，B H，Noy-Meir，I. Opportunistic management of rangelands not at equilibriumc ［J］．Journal of Range Management，1989，42（4）：266-274.

［47］ Knapp C N，Fernandez-Gimenez M E. Understanding change：Integrating rancher knowledge into state-and-transition models ［J］．Rangeland Ecology and Management，

2009，62（6）：510-521.

［48］ Provencher L，Frid L，Czembor C. et al. State-and-transition models：Conceptual versus simulation perspectives，usefulness and breadth of use，and land management applications. ［M］. // Germino M，Chambers J，Brown，C. Exotic brome-grasses in arid and semiarid ecosystems of the Western US. Springer Series on Environmental Management. Springer，Cham. 2016.

［49］ Pulsford S A，Lindenmayer D B，Driscoll D A. A succession of theories：purging redundancy from disturbance theory ［J］. Biological Reviews，2016，91（1）：148-167.

［50］ Gunderson L H，Holling C S. Panarchy：understanding transformations in human and natural systems ［M］. Washington D. C：Island Press，2002.

［51］张英俊 . 草地与牧场管理学 ［M］. 北京：中国农业大学出版社，2009.

［52］Sayre N F，Fernandez-Gimenez M E. The genesis of range science，with implications for current development policies ［C］. Durban：gimenez，2003：1976-1985.

［53］敖仁其 . 制度变迁与游牧文明 ［M］. 呼和浩特：内蒙古人民出版社，2004.

［54］石永亮 . 蒙古国草原畜牧业放牧制度研究 ［D］. 呼和浩特：内蒙古大学，2009.

［55］王成艳 . 蒙古国草原畜牧业生态保护的法律透视 ［J］. 中国畜牧业，2019（1）：54-56.

［56］任继周 . 草业科学论纲 ［M］. 南京：江苏科学技术出版社，2012.

［57］达林太，郑易生 . 牧区与市场：牧民经济学 ［M］. 北京：社会科学文献出版社，2010.

［58］杨光梅，闵庆文，李文华，等 . 基于 CVM 方法分析牧民对禁牧政策的受偿意愿：以锡林郭勒草原为例 ［J］. 生态环境，2006（4）：747-751.

［59］任继周 . 放牧，草原生态系统存在的基本方式：兼论放牧的转型 ［J］. 自然资源学报，2012，27（8）：1259-1275.

［60］侯向阳，尹燕亭，丁勇 . 中国草原适应性管理研究现状与展 ［J］. 草业学报，2011，20（2）：262-269.

［61］钱拴，毛留喜，侯英雨，等 . 青藏高原载畜能力及草畜平衡状况研究 ［J］. 自然资源学报，2007（3）：389-397，498.

［62］闫玉春，唐海萍 . 围栏禁牧对内蒙古典型草原群落特征的影响 ［J］. 西北植物学报，2007（6）：1225-1232.

第二章

草畜平衡管理实践

一、草畜平衡制度

1985 年，第一部《中华人民共和国草原法》（以下简称《草原法》）中首次规定合理使用草原，防止过量放牧；在 2003 年的修订中，又把保持草畜平衡正式写入《草原法》，明确了以草定畜、草畜平衡制度。2005 年中共十六届五中全会公报首次要求政府"按照谁开发谁保护、谁受益谁补偿的原则，加快建立生态补偿机制"，从此生态补偿制度在全国迅速铺开。在草原生态补偿实践领域，我国在蒙甘宁（内蒙古、甘肃、宁夏）西部荒漠草原、内蒙古东部退化草原、新疆北部退化草原和青藏高原东部江河源草原等地分别实施了退耕还草工程、退牧还草工程以及草原生态保护补助奖励政策。在贯彻落实《草原法》、地方性法规以及草原生态保护补助奖励政策的过程中，我国逐步构建了适合中国草原生态系统和社会人文环境的草畜平衡制度体系。

（一）草畜平衡相关的法律

《草原法》第一条"为了保护、建设和合理利用草原，改善生态环境，维护生物多样性，发展现代畜牧业，促进经济和社会的可持续发展，制定本法。"阐明了《草原法》的立法目的。我们也看出《草原法》的制定不仅仅是保护草原，也是整体上对草原的规划、建设和利用。因为，建设和利用在于草原不仅具有生态功能，还具有社会保障功能，需要保障草原牧民的基本生活。众所周知，草原是牧民生活的主要经济来源，也是牧民生活的最基础保障。因而《草原法》既是对草原可持续发展的立法，也是在保护草原生态环境的同时对保障牧民基本生活的立法。

从 1985 年全国人大制定第一部《草原法》以来，历经了四次修订，关于草原保护与利用方面的规定也随着经济社会和生态环境的变化而发生了相应的变化，如表 2-1 所示，列出了这五个阶段草畜平衡在草原法中的体现。

表 2-1　《草原法》中草畜平衡相关法条

年份	草畜平衡相关法条	特点
1985	没有与草畜平衡相关的法条及内容。	
2003 第一次修订	第三十三条　草原承包经营者应当合理利用草原，不得超过草原行政主管部门核定的载畜量；草原承包经营者应当采取种植和储备饲草饲料、增加饲草饲料供应量、调剂处理牲畜、优化畜群结构、提高出栏率等措施，保持草畜平衡。 　　草原载畜量标准和草畜平衡管理办法由国务院草原行政主管部门规定。 　　第三十四条　牧区的草原承包经营者应当实行划区轮牧，合理配置畜群，均衡利用草原。 　　第四十五条　国家对草原实行以草定畜、草畜平衡制度。县级以上地方人民政府草原行政主管部门应当按照国务院草原行政主管部门制定的草原载畜量标准，结合当地实际情况，定期核定草原载畜量。各级人民政府应当采取有效措施，防止超载过牧。	第一次以法律形式规定对草原实行以草定畜、草畜平衡制度。
2009 第二次修订	草畜平衡相关法条同上，未作修订。	
2013 第三次修订	草畜平衡相关法条同上。新增如下： 　　第七十三条　对违反本法有关草畜平衡制度的规定，牲畜饲养量超过县级以上地方人民政府草原行政主管部门核定的草原载畜量标准的纠正或者处罚措施，由省、自治区、直辖市人民代表大会或者其常务委员会规定。	新增了对违反有关草畜平衡制度的相关纠正和处罚规定。
2021 第四次修订	草畜平衡相关法条同上，未作修订。	

　　虽然 1985 年的《草原法》没有规定草畜平衡的相关内容，但是确立了草原立法的目的，就是为了加强草原的保护、管理、建设和合理利用，保护和改善生态环境，发展现代化畜牧业。2003 年对《草原法》进行了较大的修订，除了对原有法律规定中行之有效部分作为基本法律制度保留外，对一些具体的制度进行了完善，并根据当时实际需求新增加了一些制度。在这次修订中，规定了草原承包经营者应当合理利用草原，不得超过草原行政主管部门核定的载畜量，并应当采取多种措施，保持草畜平衡，确立了合理利用草原制度和草畜平衡制度，从而将草原保护与草原畜牧业相结合，为草原畜牧业可持续发展打好了制度基础。在 2013 年的《草原法》修订中对于违反有关草畜平衡制度的规定，饲养牲畜数量超过县级以上地方人民政府草原行政主管部门核定的草原载畜量标准的行为规定了纠正或者处罚措施，进一步完善了草畜平衡制度。

（二）草畜平衡相关的地方性法规及其演变

不同于《草原法》的四次修订和完善，在我国地方性法规中关于草畜平衡制度的规定较为翔实，包括内蒙古自治区、新疆维吾尔自治区、西藏自治区、青海省、甘肃省、四川省、宁夏回族自治区、吉林省、黑龙江省、陕西省、云南省等 11 个省和自治区都以草原条例或者草原管理办法的形式规定了草畜平衡相关条文，从而使草畜平衡制度体系逐渐完善。每个地区根据当地的需要和实际情况，对草畜平衡制度做出了相应的规定。下面从表 2 - 2 至表 2 - 10 逐一列明了各地区地方性法规中草畜平衡相关条文及其演变和现行有效的内容。

表 2 - 2　内蒙古自治区地方性法规中草畜平衡相关法条

地方性法规名称	年份	草畜平衡相关条文	特点
内蒙古自治区草原管理条例	1991	第十五条　旗县级人民政府对所辖区域内的草原，要根据不同类型和不同年份，分别规定适宜载畜量。草原使用单位要定期进行草场查测，根据实际产草量，确定每年牲畜的饲养量和年末存栏量，实行以草定畜，做到畜草平衡。草原管理机关对于超载放牧出现退化、沙化的草原，可责成使用单位采取轮歇休闲、封滩育草、建设草库伦或补播牧草等措施，恢复植被。 第三十六条　有下列行为之一的，给予行政处罚，构成犯罪的，依法追究刑事责任： （四）超载牲畜、抢牧、滥牧严重破坏草原的。	首次提出以草定畜，并对草原生态严重破坏的超载牲畜、抢牧、滥牧行为追究法律责任。
内蒙古自治区基本草原保护条例	2011	第二十二条　自治区依法实行草畜平衡制度和禁牧休牧轮牧制度，并按照国家和自治区有关规定对落实制度的农牧民给予奖励补助。 第二十九条　旗县级以上人民政府应当建立基本草原保护监督检查制度，定期组织有关部门对受理检举控告和查处破坏基本草原违法行为的情况，实行草畜平衡、禁牧休牧轮牧、草原生态保护奖励补助的情况，草原重点建设的情况以及征收、征用、使用或者临时占用基本草原等情况进行检查，并向上一级人民政府报告。 第三十八条　违反本条例第二十二条规定，有下列行为之一的，由旗县级以上草原监督管理机构给予警告，并按照下列规定处罚：（一）在基本草原上超过核定的载畜量放牧的，责令限期改正；逾期未改正的，处以每个超载羊单位 100 元的罚款。	草原生态保护补助奖励政策具有了地方性法规支撑。
	2016	草畜平衡相关条文同上，未作修订。	

表 2-3 新疆维吾尔自治区地方性法规中草畜平衡相关法条

地方性法规名称	年份	草畜平衡相关条文	特点
新疆维吾尔自治区实施《中华人民共和国草原法》办法	2011	第七条 自治区实行天然草原划区禁牧和草畜平衡制度，并按照国家规定给落实草原禁牧的牧户资金补助，给落实草畜平衡的牧户资金奖励。 第二十五条 县级以上人民政府草原行政主管部门应当指导草原使用单位、集体经济组织和承包经营者转变传统畜牧业生产方式，采取农区舍饲圈养、牧区暖季放牧、冷季舍饲等方法，减轻天然草原放牧压力，提高草原的综合生态功能和生产能力。 第二十六条 自治区草原行政主管部门根据国家规定，制定并公布自治区不同类型草原的载畜量标准。县（市）草原行政主管部门根据载畜量标准，结合草原前五年平均生产能力，核定并公布草原载畜量。载畜量标准和载畜量每五年核定并公布一次。核定草原载畜量，应当依据草原郁闭度情况和区域水土保持状况，听取草原使用单位、集体经济组织和承包经营者的意见，并组织专家进行论证。草原使用单位、集体经济组织或者承包经营者饲养的牲畜量不得超过经核定并公布的载畜量，防止草原退化。 第二十七条 县（市）草原行政主管部门应当与草原使用单位、集体经济组织或者承包经营者签订草畜平衡责任书。跨区使用草原的，草原所在地的县（市）草原行政主管部门可以委托草原使用地的县（市）草原行政主管部门与草原使用单位、集体经济组织或者承包经营者签订草畜平衡责任书。 第二十八条 草畜平衡责任书应当包括下列内容：（一）草原现状：包括草原四至界线、面积、类型、等级，草原退化面积及程度；（二）现有的牲畜种类和数量；（三）核定的草原载畜量；（四）实现草畜平衡的主要措施；（五）草原使用单位、集体经济组织或者承包经营者的责任；（六）责任书的有效期限。 第二十九条 草原使用单位、集体经济组织或者承包经营者应当按照草畜平衡的要求进行放牧，采取下列措施实现草畜平衡：（一）发展灌溉草场，加强人工种草，增加饲草饲料供应量；（二）按照规划实施划区禁牧、休牧和轮牧等；（三）发展优良畜种，优化畜群结构，加快牲畜出栏。 第五十条 违反本办法第二十六条第三款规定，超载放牧的，由县级以上人民政府草原监督管理机构责令改正，并对超载的牲畜按标准畜每只（头）处五十元以下罚款。	在地方法规中首次规定，指导经营者转变传统畜牧业生产方式来减轻草原放牧压力，是县级以上人民政府草原行政主管部门的职责。对草畜平衡责任书内容做出了详细规定。并且列出了实现草畜平衡的多种措施。

表 2－4　西藏自治区地方性法规中草畜平衡相关法条

地方性法规名称	年份	草畜平衡相关条文	特点
西藏自治区实施《中华人民共和国草原法》办法	1995	第十五条　拥有草原使用权的全民所有制单位、集体所有制单位和个人，对所使用的草原要加强管理，建立科学的放牧制度，合理利用草原，实行以草定畜。各县人民政府根据本地区实际情况，制定以草定畜的标准，确定合理的载畜量。 第二十三条　对违反《草原法》和本实施细则的，按下列规定处罚：（八）违反本实施细则第十五条第二款规定超载牲畜的处罚办法，由各县人民政府制定。本条规定的处罚由县以上草原管理部门决定并执行。	
	2001	草畜平衡相关条文同上，未作修订。	
	2007	第二十七条　自治区实行退耕还草、退牧还草制度。各级人民政府应当实行基本草原保护制度，草畜平衡制度，禁牧、休牧和轮牧制度。 第二十八条　自治区人民政府农牧行政主管部门，应当按照国务院草原行政主管部门制定的草原载畜量标准，根据自治区实际，制定自治区草原载畜量标准。县级人民政府应当根据自治区的草原载畜量标准，结合当地实际，确定科学、合理的载畜量，层层签订草畜平衡责任书，保持草畜平衡。县级人民政府应当每5年对草畜平衡情况复核一次，并予以公布。草原承包经营者应当合理利用草原，以草定畜，不得超载过牧。 第四十八条　违反本办法第二十八条第四款规定的，由县级人民政府农牧行政主管部门给予警告，并责令其在规定的期限内出栏超载的牲畜。	首次提出签订草畜平衡责任书。
	2010	草畜平衡相关条文同上，未作修订。	
	2015	草畜平衡相关条文同上，未作修订。	

表 2－5　青海省地方性法规中草畜平衡相关法条

地方性法规名称	年份	草畜平衡相关条文	特点
青海省实施《中华人民共和国草原法》办法	2008	第三条　各级人民政府应当加强对草原保护、建设和利用的管理，将草原保护、建设和利用纳入本级国民经济和社会发展计划，发展生态畜牧业，逐步推行草原生态补偿机制，采取综合措施保持草畜平衡，促进草原的可持续利用。 第十六条　草原承包经营权出让方应当对受让方使用流转草原的情况进行监督，受让方破坏草原植被或者严重超载放牧，造成草原等级下降的，草原承包经营权出让方有权要求受让方停止侵害，也可以要求草原行政主管部门或者草原监督管理机构依法查处。 第二十七条　实行草畜平衡制度，逐步实施草畜平衡的各项措施。 第二十八条　省、州、市人民政府、海东地区行政公署草	对草场流转时草原植被破坏造成草原等级下降的情况做出了详细规定。 对核定草原载畜量的工作做出了详细规定，保障了草原

（续）

地方性法规名称	年份	草畜平衡相关条文	特点
青海省实施《中华人民共和国草原法》办法	2008	原行政主管部门应当根据国务院草原行政主管部门制定的草原载畜量标准，结合当地实际情况，制定并公布本行政区域内不同草原类型等级的具体载畜量标准，报上级草原行政主管部门备案。 第二十九条　县级人民政府草原行政主管部门应当根据省、州、市人民政府、海东地区行政公署草原行政主管部门制定的具体载畜量标准和本行政区域内草原基本状况、草地生产能力、动态监测结果，核定、公布草原载畜量，确定草原承包经营者或者草原使用者的牲畜饲养量。 第三十条　县级以上人民政府草原行政主管部门核定草原载畜量时，应当听取草原承包经营者或者草原使用者的意见，组织专家进行论证，确保草原载畜量核定的科学性和合理性。草原承包经营者或者草原使用者对核定的草原载畜量有异议的，可以自收到核定通知之日起三十日内向县级人民政府草原行政主管部门申请复核，县级人民政府草原行政主管部门应当在收到复核申请之日起三十日内作出复核决定。 第三十一条　草原承包经营者或者草原使用者应当合理利用草原，不得超载放牧。草原承包经营者或者草原使用者应当采取人工补饲、舍饲圈养、加快牲畜出栏、优化畜群结构等措施，保持草畜平衡。 第三十二条　县级人民政府应当与乡级人民政府签订草畜平衡目标任务书。县级人民政府草原行政主管部门应当与草原承包经营者或者草原使用者签订草畜平衡责任书。草畜平衡责任书，载明以下事项：（一）草原现状：包括草原四至界线、面积、类型、等级，草原退化面积及程度；（二）现有的牲畜种类和数量；（三）核定的草原载畜量；（四）实现草畜平衡的主要措施；（五）草原承包经营者或者草原使用者的责任；（六）责任书的有效期限；（七）其他有关事项。县级人民政府草原行政主管部门应当建立健全草畜平衡管理档案。 第三十三条　县级以上人民政府草原行政主管部门应当每年组织对草畜平衡情况进行抽查，抽查的主要内容包括：（一）测定和评估天然草原的利用状况；（二）测算饲草饲料总量，即当年天然草原、人工草地和饲草饲料基地以及其他来源的饲草饲料数量之和；（三）核查牲畜数量。 第六十二条　违反本办法规定，超过核定的载畜量放牧的，由县级以上人民政府草原行政主管部门或者草原监督管理机构责令限期改正；逾期不改正的，按照下列规定进行处罚：（一）超载不足百分之三十的，每个超载羊单位罚款十元；（二）超载百分之三十以上不足百分之五十的，每个超载羊单位罚款二十元；（三）超载百分之五十以上的，每个超载羊单位罚款三十元。	承包者或使用者的权益。建立了草畜平衡抽查制度。

（续）

地方性法规名称	年份	草畜平衡相关条文	特点
青海省实施《中华人民共和国草原法》办法	2010	草畜平衡相关条文同上，未作修订。	
	2018	草畜平衡相关条文同上，未作修订。草原行政主管部门改成了林业草原主管部门。	
	2020	草畜平衡相关条文同上，未作修订。草原行政主管部门改成了林业草原主管部门。	

表 2-6　甘肃省地方性法规中草畜平衡相关法条

地方性法规名称	年份	草畜平衡相关条文	特点
甘肃省草原条例	2007	第二十二条　省、市（州）人民政府草原行政主管部门根据国家规定，确定不同类型草原的载畜量标准；县级人民政府草原行政主管部门根据载畜量标准，结合草原前五年平均生产能力，核定草原载畜量。载畜量每五年核定一次。草原使用者或者承包经营者饲养的牲畜量不得超过核定的载畜量，保持可利用饲草饲料总量与其饲养牲畜所需饲草饲料量的动态平衡。 第二十三条　县级人民政府草原行政主管部门应当与草原承包经营者签订草畜平衡责任书。责任书的内容包括草原现状、草原适宜载畜量及饲草饲料总储量，牲畜种类、数量、草畜平衡主要措施、双方的责任、期限等。 第二十四条　县级以上草原监督管理机构应当每年对草畜平衡情况进行抽查，并建立草畜平衡档案。 第四十四条　草原使用者或者承包经营者超过核定的载畜量放牧的，由草原监督管理机构责令限期改正；逾期未改正的，按照下列规定进行处罚，并限期出栏：（一）超载10%～30%，每个超载羊单位罚款十元；（二）超载31%～50%，每个超载羊单位罚款二十元；（三）超载50%以上，每个超载羊单位罚款三十元。	提出了可利用饲草饲料总量与其饲养牲畜所需饲草饲料量的动态平衡。 首次提出对草畜平衡情况进行抽查，并建立草畜平衡档案。
	2022	第十八条　各级人民政府应当落实以草定畜、草畜平衡制度。县级以上人民政府草原行政主管部门应当按照国务院草原行政主管部门制定的草原载畜量标准，结合草原前五年平均生产能力，核定草原载畜量。载畜量每五年核定一次。草原使用者或者承包经营者饲养的牲畜量不得超过核定的载畜量，保持可利用饲草饲料总量与其饲养牲畜所需饲草饲料量的动态平衡。 第十九条　县级以上人民政府草原行政主管部门应当每年对草畜平衡情况进行抽查，并建立草畜平衡档案。 第三十八条　违反本条例规定，草原使用者或者承包经营者超过核定的载畜量放牧的，由县级以上人民政府草原行政主管部门或者承接草原行政处罚权的乡（镇）人民政府责令限期改正；逾期未改正的，按照下列规定进行处罚，并限期出栏：（一）超过载畜量百分之十至百分之三十的，每个超载羊单位罚款一百元；（二）超过载畜量百分之三十至百分之五十的，每个超载羊单位罚款二百元；（三）超过载畜量百分之五十以上的，每个超载羊单位罚款三百元。	

表 2-7 四川省地方性法规中草畜平衡相关法条

地方性法规名称	年份	草畜平衡相关条文	特点
四川省《中华人民共和国草原法》实施办法	1990	第十八条 县级人民政府应按照以草定畜、草畜平衡的原则和当地的实际情况，确定合理的草原载畜量和放牧强度。使用或承包经营草原的单位和个人，应按照县级人民政府确定的草原载畜量和放牧强度合理使用草原，过量放牧的应调整放牧强度，不得掠夺式超载滥牧。对使用的草原应划定季节放牧区和割草区，建立轮牧制度。 第三十三条 违反本实施细则第十八条规定超载滥牧的，由县级人民政府的农牧业部门批评教育，责令限期调整。	提出草畜平衡原则，确定合理的草原载畜量和放牧强度，对使用的草原应划定季节放牧区和割草区，建立轮牧制度。
四川省《中华人民共和国草原法》实施办法	2006	第十一条 实行草畜平衡制度。省、州（市）人民政府及其草原行政主管部门应当加强草畜平衡的指导、监督检查；县级人民政府应当制定草畜平衡方案并负责组织实施。县级人民政府草原行政主管部门应当根据国家制定的草原载畜量标准和草畜平衡管理办法定期核定载畜量。 第十二条 县级以上人民政府草原行政主管部门应当推广先进实用技术，指导草原承包方通过采取改良牲畜和牧草品种、优化畜群结构、提高出栏率、增加饲草饲料供应等措施，调整载畜量，实现草畜平衡。 第二十七条 违反草畜平衡规定，牲畜饲养量超过县级人民政府草原行政主管部门核定的草原载畜量的，县级人民政府草原行政主管部门或者乡（镇）人民政府有权责令其 1 年内出栏超载的牲畜；逾期未出栏的，由县级以上人民政府草原行政主管部门按照下列规定进行处罚，并限期出栏：（一）超载 10%～30%的，每个超载羊单位罚款 10 元；（二）超载 31%～50%的，每个超载羊单位罚款 15 元；（三）超载 50%以上的，每个超载羊单位罚款 30 元。	提出提质增效的方式来实现草畜平衡。
木里藏族自治县实施《四川省〈中华人民共和国草原法〉实施办法》的变通规定	2009	第十条 自治县人民政府及其草原行政主管部门应当注重增草提质，调整畜群结构，实行以草定畜，控制载畜数量，严禁超载过牧。 第二十三条 超载过牧等进行掠夺性经营的，由自治县草原行政主管部门责令限期调减。逾期未调减的，按以下标准进行处罚：（一）超载 10%～30%的，每个超载羊单位罚款 10 元；（二）超载 31%～50%的，每个超载羊单位罚款 15 元；（三）超载 50%以上的，每个超载羊单位罚款 30 元。	
阿坝藏族羌族自治州实施《四川省〈中华人民共和国草原法〉实施办法》的变通规定	2010	第八条 自治州实行以草定畜、草畜平衡制度。自治州应当加强优良牧草种植推广和畜种改良，落实草畜平衡的各项措施。草原承包经营者或者使用者应当依法履行保护、建设和合理利用草原的义务，采取舍饲补饲，优化畜群结构，加快周转出栏，防止超载过牧，保持草畜平衡。自治州草畜平衡每五年核定一次，村民委员会、草原承包经营者或者使用者应当支持、配合，提供真实资料和信息。	

表 2-8　宁夏回族自治区地方性法规中草畜平衡相关法条

地方性法规名称	年份	草畜平衡相关条文	特点
宁夏回族自治区草原管理条例	1994	第二十八条　实行以草定畜、禁止滥牧过牧。各行署和市、县（区）乡人民政府应当定点、定期预测牧草贮存量，掌握草产量动态，规定合理的载畜量。放牧单位和个人应当按期淘汰超载牲畜。	首次提出草畜平衡责任书。
	2005	第二十条　草原承包经营者应当以草定畜，合理利用草原，不得超过草原行政主管部门核定的载畜量。自治区人民政府草原行政主管部门应当制定并公布本行政区域内不同草原类型的具体载畜量标准。载畜量标准以一定面积草原所能承载的羊单位计算。 第二十一条　市、县（市、区）人民政府草原行政主管部门，应当结合当地实际情况，根据载畜量标准，定期核定草原载畜量，并制定草畜平衡计划，报自治区人民政府草原行政主管部门核准后实施。 第二十二条　草原承包经营者应当按照县级人民政府草原行政主管部门核定的草原载畜量，与发包者签订《草畜平衡责任书》。《草畜平衡责任书》文本式样，由自治区人民政府草原行政主管部门提供。 第四十三条　违反本条例规定，超过核定的载畜量放牧的，由县级以上人民政府草原行政主管部门责令限期改正；逾期不改正的，处以每个超载羊单位十元以上三十元以下的罚款。	

表 2-9　陕西省地方性法规中草畜平衡相关法条

地方性法规名称	年份	草畜平衡相关条文	特点
陕西省实施《中华人民共和国草原法》办法	1994	第十五条　合理利用草原，实行以草定畜。天然草场利用率应控制在产草量的70%以下；荒漠、半荒漠草原利用率应控制在40%以下。提倡划区轮牧，禁止超载过牧或滥牧。对利用不足的草地、草坡，当地人民政府应当鼓励和支持单位和个人发展草食牲畜和草产品加工，提高草原利用率和利用效益。 第二十七条　草原监理工作的主要职责是：（一）宣传贯彻草原法律、法规，并监督、检查执行情况；（二）受人民政府委托，审核、确认草原所有权和使用权，发放《草原所有证》和《草原使用证》；（三）核定各类草场载畜量，对草原的利用进行监督；（四）调查处理违反草原法律、法规的行为；（五）负责草原防火的日常工作。 第三十条　违反本办法规定，具有下列行为之一的，由县级以上草原行政主管部门予以处罚：（七）超载过牧或滥牧的，责令限期改正，逾期不改的，超载部分按羊单位每日0.5元至1元处以罚款；滥牧抢牧的，按每次羊单位2元至5元处以罚款。	对天然草原和荒漠、半荒漠草原的利用率做出了限定。以地方性法规的形式规定了草原监理对草场载畜量的监督工作职责。

（续）

地方性法规名称	年份	草畜平衡相关条文	特点
陕西省实施《中华人民共和国草原法》办法	2009	第三十九条　草原使用者或者承包经营者实行牲畜舍饲圈养。在实行轮牧的范围和时间内，由县级草原行政主管部门核定草原载畜量。草原使用者或者承包经营者不得超过核定的载畜量放牧。省、设区的市草原行政主管部门应当加强草畜平衡的指导和监督检查。 第四十九条第二款　违反本办法第三十九条第二款规定，超过核定的载畜量放牧的，由县级草原行政主管部门责令限期改正。逾期不改正的，按照下列规定进行处罚：（一）超载不足百分之三十的，每个超载羊单位处十元罚款；（二）超载百分之三十以上不足百分之五十的，每个超载羊单位处二十元罚款；（三）超载百分之五十以上的，每个超载羊单位处三十元罚款。	
	2014	草畜平衡相关条文同上，未作修订。	
	2021	草畜平衡相关条文同上，未作修订。	

表 2-10　黑龙江、吉林和云南省地方性法规中草畜平衡相关法条

地方性法规名称	年份	草畜平衡相关条文	特点
黑龙江省草原条例	2006	第十四条　县以上草原行政主管部门应当根据草原类型，确定割草场的割草期和留茬高度；依据放牧场牧草产量、单位时间内牧草生长量、国家颁布的草原载畜量标准，定期核定放牧草原的放牧强度、载畜量，确定轮牧周期和放牧天数。严禁超过核定的载畜量和放牧强度放牧牲畜。县以上草原行政主管部门或者草原监理机构应当定期对草原保护利用情况进行监督检查，及时制止破坏草原植被和掠夺性利用的行为。 第十五条　各级人民政府应当根据当地的草食牲畜养量，确定饲草饲料年需要量，通过调剂牧草供给、扩大青贮和饲草饲料种植面积，发展草业生产，实现草畜平衡。 第四十四条　违反本条例规定，有下列行为之一的，由县以上草原监理机构责令停止放牧，处以每次每羊单位十元的罚款：（三）超过核定的载畜量和放牧强度放牧牲畜的。	通过调剂牧草供给、扩大青贮和饲草饲料种植面积，发展草业生产，实现草畜平衡。
	2016	草畜平衡相关条文同上，未作修订。	
	2018	草畜平衡相关条文同上，未作修订。	
	2018	草畜平衡相关条文同上，未作修订。	
吉林省草原管理条例	1997	第二十七条　县级以上草原主管部门要根据当地具体情况，规定不同草场单位面积的载畜量。禁止过度放牧。 第三十九条　有下列违反本条例行为的，由县级以上草原主管部门按下列规定处罚：（六）违反第二十七条规定过度放牧的，给予批评教育；屡教不改的，超载的牲畜数量，按羊单位一元至二元计收草原使用管理费，用于草原建设。	

（续）

地方性法规名称	年份	草畜平衡相关条文	特点
云南省迪庆藏族自治州草原管理条例	2013	第十五条　自治州实行以草定畜、草畜平衡制度，采取禁牧、休牧、轮牧等措施，防止超载过牧，保持草畜平衡。自治州草原管理机构应当根据国家和省的规定，确定不同类型草原的载畜量标准；县草原管理机构应当根据载畜量标准，结合草原前五年平均生产能力，核定草原载畜量。县级以上草原管理机构应当每年对草畜平衡情况进行抽查，每五年核定一次载畜量标准，并建立草畜平衡档案。 第十六条　草畜平衡的核定主要包括以下内容：（一）天然草原的类型、等级、面积、产草量；（二）人工草场、饲草料地的面积及产量；（三）有稳定来源的其他饲草饲料量；（四）根据可食饲草饲料总量计算的适宜载畜量；（五）实际饲养牲畜的种类和数量；（六）天然草原保护、建设利用情况和沙化、退化状况。 第十七条　乡（镇）人民政府应当与草原承包经营者签订草畜平衡责任书并监督实施。草畜平衡责任书内容包括：草原现状、草原适宜载畜量及饲草饲料总储量，牲畜种类、数量、草畜平衡主要措施、双方的责任、期限等。	规定了草畜平衡核定的主要内容。

对地方政府现有的法律法规进行全面梳理后发现，实现草畜平衡的相关措施总结起来有以下几点：核定载畜量，制定并公布载畜量标准；层层签订草畜平衡责任书；推广养殖技术优化畜群结构；调剂牧草供给、扩大青贮和饲草饲料种植面积，实现供需动态平衡；建立草畜平衡抽查制度和草畜平衡档案。在这一系列地方性法规的修订当中都逐渐确立了草畜平衡监管方式和相应的处罚措施，并且对地方政府草原行政主管部门、草原使用单位或个人都明确规定了在实行草畜平衡时其具有的权利和义务。

（三）草畜平衡相关的规章

在规章的效力位阶上，当前已经失效的农业部 2005 年颁布实施的《草畜平衡管理办法》，是对草畜平衡效力较高，内容规定翔实，专门针对草畜平衡出台的部门规章。虽然 2020 年已经失效，但是在其有效的期限内全面指导了我国草畜平衡管理工作。除了这个农业农村部出台的规章以外，还有很多省级政府也出台了地方政府规章，包括《内蒙古自治区草原管理条例实施细则》《内蒙古自治区禁牧和草畜平衡监督管理办法》《甘肃省草畜平衡管理办法》《辽宁省草原管理实施办法（2021 年修正）》等当前现行有效的规章。也有地级市政府出台的草畜平衡相关的政府规范性法律文件，像锡林郭勒盟早在 2002 年就开始出台实施《锡林郭勒盟草畜平衡实施细则（暂行）》，来指导和细化当地的草畜平衡实施工作。但是，地方政府规范性法律文件的数量较为庞杂，专门针对草畜平衡制度的规范性文件相对较少。关于草畜平衡管理的规定偶尔会在保护草原生态、修复生态环境或者防风治沙等相关文件中提出。

二、草畜平衡技术

（一）草畜平衡核算方法及评价

各地区依据中国农业行业标准《天然草地合理载畜量的计算》（NY/T 635—2015）来确定合理载畜量，主要方法是以草地面积和草地初级生产力为基础，对草地生产力的季节性变化进行适当考虑（将一个年度周期划分为冷季和暖季），依据家畜营养需求（每家畜单位的日需草量），确定单位面积上可放养的家畜数目。因此，先根据测定标准计算草地地上生物量，再确定相关草地类型的牧草再生率，计算生长季和枯草期的可食牧草产量。根据草地类型、草地利用方式和草地退化程度，确定草地利用率，再结合草地标准干草折算系数，确定可利用标准干草量，从而计算得出不同季节的合理载畜量，即理论载畜量。其主要的计算公式：

一定面积草地可食牧草产量＝草地面积×首次盛草期单产×（1＋牧草再生率）；

一定面积草地可合理利用标准干草量＝一定面积草地可食牧草产量×草地合理利用率×草地标准干草折算系数；

暖季一个绵羊单位需要草地面积＝暖季放牧天数×日食量/暖季可利用标准干草单产；

冷季一个绵羊单位需要草地面积＝冷季放牧天数×日食量/冷季可利用标准干草单产；

一个绵羊单位全年需要草地面积＝暖季一个绵羊单位需草地面积＋冷季一个绵羊单位需要草地面积。

相应地，草地载畜量的计算公式：

暖季载畜量＝暖季草地可利用面积/暖季一个绵羊单位需要草地面积；

冷季载畜量＝冷季草地可利用面积/冷季一个绵羊单位需要草地面积；

全年载畜量＝全部可利用面积/全年一个绵羊单位需要草地面积。

在上述计算中，依据不同地区在气候和草地类型等方面的差异，需要以产草量年变率、不同家畜的相互折算率等作为参数对载畜量进行校正。从而，计算结果一般可以表述为单位时间内单位面积草地上承载的家畜单位〔羊单位/（公顷·天）〕。也可以将结果表示为单位面积的草地可供一定数量家畜利用的时间〔天/（羊单位·公顷）〕。

当前实施的草畜平衡管理仅考虑了草地的生态因素而忽略了经济因素。随着饲养家畜数量的增加，通过控制牲畜的数量来维持草畜平衡不易实现。同时，"以草定畜"只遵循了草地牧草的自然生长发育规律，忽略了人的主观能动性和提高经济收入的渴望。最重要的是由于缺少草地的监测管理体系，从牧民角度很难实现准确的草畜平衡。因此，"以畜定草"才是未来畜牧业和草业发展的重要方向，这是把畜牧业生产主体的生存、生产和生活放在了首位，从而有利于调动其积极性，更加有利于促进政府管理部门的职能转变和加速家畜改良步伐，提高畜产品质量和效益[1]。

草场确权后，仍未能避免草场生态的加速退化，而通过完善草原相关法律法规，使得"以草定畜"成为草原管理的核心措施之一。然而，草原动态平衡方面还有待商榷，即平衡理论强调动物和草场资源之间的生物反馈关系，而非平衡理论认为，具有随机性的非生物因素是决定植被和牲畜动态系统的主要驱动力。在干旱与半干旱地区，初级生产量常随降水量的变化而出现较大幅度的年际波动，从而基于平衡系统理论的稳态管理在非平衡系统下被认为是无效的。因此，根据草产量确定载畜量存在明显的理论缺陷，应探索以草原的质量来管理草原的办法。当前产草量很难被测量，以此为指导来对牧户进行罚款是不合理的，而应该依据草原的质量变化来管理牧户。但是，在当前草原牧区普遍超载的情况下，实施依据草产量确定载畜量，减少放牧牲畜的措施很有必要。总而言之，在主客观条件均允许的情况下，以草定畜应该采取综合考虑草质和草量的模式管理牲畜数目[2]。

李晓敏等认为"以草定畜"是一个完整的放牧管理体系，包括草地牧草生产水平的监测、放牧强度的监控、放牧技术与管理制度及饲养管理等诸多方面，此外，"以畜控草"通过调控放牧强度、畜种结构及放牧时间，实现对草畜结构的积极影响。他还提出"以草定畜"需要以草地资源调查与监测评价、合理载畜量的确定、放牧场的规划与调配、合理的放牧技术选择、补饲方式的优化与饲草料基地、相关知识与技能的贮备、明确草场使用界限以及草地放牧的依法行政管理等构成的体系作为支撑[3]。

（二）放牧管理实验

从 20 世纪 80 年代开始，学者们在短花针茅荒漠草原、典型羊草草原和草甸草原实施了多种形式的放牧管理实验，结果表明放牧强度、放牧制度（划区轮牧、自由放牧）、不同草地利用方式（放牧与割草的多种组合）和降水量的变化对草原生态环境均有着不同程度的影响。控制载畜率、优化畜群结构以及冬季舍饲等措施的采纳，同样对草地群落物种丰富度、多样性和物种均匀度都有着一定影响。由于影响草原生态的因素较多，对实施草畜平衡带来了技术上的难度。

1. 控制放牧强度的放牧管理实验

卫智军在内蒙古达茂旗的短花针茅荒漠草原上，于 1985 年至 1988 年进行了不同放牧强度和不同放牧方式的比较研究。实验场地哈雅牧场面积达 1 500 亩，设置了轻度放牧、中度放牧和重度放牧三种放牧强度，中度放牧特别又分了连续放牧和划区轮牧两种放牧制度。连续放牧分夏秋季放牧地、冬春季放牧地，划区轮牧分了 9 个小区域，每个区域约 44.4 亩，其中划区轮牧制度设定了夏秋季每个小区域放牧 5～7 天，冬春季放牧 15 天。全部以杂种羯羊为主进行实验，验证放牧压力对草场的影响，对损失的羊进行递补以保证放牧压力不变。放牧强度和放牧制度的不同，自然导致牧户对购置绵羊费用、房屋和棚圈年均分摊费用、牧工费用、网围栏年均分摊费用、饲草料费用、机械与固定资产年均分摊费用、围栏与房屋棚圈维修费等投资情况也不相同。在实验过程中，从草群高度、盖度和产量，建群种的死亡与种子繁殖，土壤容重、渗水速度及土壤有机质这三个大方面，对生态效益进行了分析。最后，对四种放牧强度进行了经济效益分析，这四年实验中，从出售绵羊的收入额（1988 年价格）、活重增加折合额（1988 年价格）、出售羊毛收入额和绵羊死亡折合额等四个方面计算得到了四种放牧强度下的总产值和每年每亩产值。从每亩年产值减去每亩年均费用和草地原产值（当年出租价格），结果得到了每亩年净产值。每亩年净产值除以每亩总投资额计算得投资收益率。单纯从投资收益率的角度来看，中度放牧最高为 27.3%，其次为中度强度和划区轮牧高达 25.4%，轻度放牧为 22.8%，重度放牧最低为 3.2%。综合起来，中度放牧和划区轮牧无论在维护草原生态还是在经济效益方面，都是最佳的结果[4]。

2. 比较放牧制度的放牧管理实验

我们可以从卫智军的研究结果中看出，在短花针茅荒漠草原上，中度放牧强度下其连续放牧的投资收益率优于划区轮牧。但是，若把生态效益纳入考虑范围内，则中度放牧强度下划区轮牧的效果优于连续放牧。卫智军等在苏尼特右旗的短花针茅草原上，针对家庭牧场进行了划区轮牧和自由放牧的比较研究。实验实施面积约 640 公顷，其中设定了划区轮牧面积为 320 公顷（分为面积相等的 8 个小区域），自由放牧面积为 320 公顷和对照区面积 1 公顷。划区轮牧区和自由放牧区各放牧 600 只平均年龄 2 岁且体重相仿的苏尼特羯羊，划区轮牧区每个小区域各放牧 7 天进行轮换，自由放牧区连续放牧，而对照区不进行放牧。再按照一定标准对牧草现存量、草场植物群落结构以及绵羊体重变化进行详细科学的测量。最后，对划区轮牧区、自由放牧区和对照区进行对比发现，放牧利用可以促使短花针茅植物的生长和分蘖，划区轮牧时更加明显，划区轮牧在植被盖度方面高于自由放牧，但是绵羊体重无明显差异[5]。

刘燕丹等考虑到禁牧制度的影响，在放牧强度和禁牧的多种组合下，比较了其畜产品生产收益和生态效应。放牧实验在内蒙古锡林郭勒典型草原采用了随机区组设计，选用了乌珠穆沁 2 岁羯羊。选用了与该地区核定载畜率相近的最适载畜能力 340 标准羊单位·日／（公顷·年）。以禁牧为对照，分别采取放牧模式 1：2014—2019 年连续 6 年每年放牧强度为 340 标准羊单位·日／（公顷·年）；放牧模式 2：2014—2017 年每年放牧强度为 510 标准羊单位·日／（公顷·年），2018—2019 年实施禁牧，平均放牧强度仍为 340 标准羊单位·日／（公顷·年）；放牧模式 3：2014—2016 年每年放牧强度为 680 标准羊单位·日／（公顷·年），2017—2019 年实施禁牧，平均放牧强度仍为 340 标准羊单位·日／（公顷·年）。经过采集土壤、植被以及乌珠穆沁羊的体重等实验数据，分析后发现不同放牧制度下草地第二性生产力（以单位面积草原年承载家畜增重来表示），从放牧模式 1 至放牧模式 3，呈现出下降趋势。2020 年与2014 年相比，比起持续禁牧，在各土层土壤全氮和有机碳含量在其他放牧模式下都呈显著增加趋势，而土壤全磷呈现减少趋势。与禁牧相比，植物群落生物量，以及其中的多年生植物生物量在三种不同制度的适度放牧压力下均大幅显著提高。因此，可持续的适度放牧和科学合理的禁牧安排有利于草原畜产品供给能力的提升，同时还能保持草原植被的多样性[6]。

3. 控制载畜率的放牧管理实验

韩国栋等在内蒙古短花针茅草原采用围栏方式，设定 6 个不同载畜率水平，放牧体重相近的 2 岁蒙古细毛羯羊 12 个月，同时设置一个不放牧的对照区。在每年的 8 月野外随机测量草原植被相关数据，再计算得出综合多样性指数、丰富度指数和均匀度指数。经过分析发现，草地的第一性生产力和植物多样性与载畜率的关系是非线性的倒 U 型关系[7]。

同样，王悦骅等运用相同方法对荒漠草原植物群落的多样性和生产力进行研究，发现草原植物群落的盖度、密度、高度、群落生产力随着载畜率的增加逐渐下降，并且轻度和中度载畜率时丰富度指数、多样性指数比重度载畜率时高。由于多样性指数、丰富度指数分别与草地的第一性生产力之间存在显著线性相关关系，可以认为轻度和中度载畜率时草地生产力也可以保持较高水平，有利于草场可持续发展[8]。

我们从以上控制载畜率的放牧管理实验，可以得出适宜的载畜率才是长久发展中特别关键的结论，但是这些实验还未考虑降水变化。王悦骅、王忠武等对此问题进行了深入探讨，在原有四个梯度载畜率试验设计的基础上增加了模拟降水实验。他们将模拟降水从低到高，分别设置为减少降水量的 50%、自然降水、增加降水量的 50% 和增加降水量 100%。并且把降水处理的增减水量以当年实际降水量作为参考。从实验结果看，不同载畜率下，降水的下降都将负向影响群落多样性、群落物种丰富度和物种均匀度。高载畜率下，降水量减少会使群落中植物的种类数减少，结构简单化，从而引起草原退化。低度和中度载畜率放牧条件下，增加降水会使群落多样性和物种均匀度指数均有所提高，表明群落更趋于稳定，减弱了物种在群落中的分化程度[9]。闫瑞瑞、卫智军等在呼伦贝尔陈巴尔虎旗草甸草原区对典型家庭牧场选取条件相近的对照组进行对比研究发现，在对实验户的放牧管理实践中，通过降低家庭牧场的载畜率、优化畜群结构及采取冬季舍饲三种手段进行优化管理后，实验户牧场表现出了较高的物种丰富度指数、多样性指数、优势度指数和均匀度指数[10]。因此除载畜率控制以外，如果再采取其他有效措施，也能达到较好的草畜平衡效果。薛睿等在内蒙古锡林河流域典型的羊草草原实施了三种草地利用方式（传统放牧、传统割草和混合利用）下，不同载畜率水平对草原群落初级生产力和补偿性生长影响的放牧控制实验。每种利用方式包括 7 个载畜率水平，2 个区组（平地和坡地），采用随机区组设计，共计 56 个实验小区。同时，为了避免草地空间异质性对实验结果的影响，设定两个相邻小区的载畜率相同。研究发现传统放牧和混合利用方式下，羊草群落地上生物量均随放牧强度增加而逐渐降低。高载畜率下，混合利用时羊草群落地上净初级生产力最好，而传统放牧的最低。而低载畜率下，草原的可持续利用和植物的补偿性生长更好。这一实验结果在一定程度上验证了放牧优化假说[11]。

（三）放牧管理模型

放牧管理决策支持系统（Decision Support Systems，DSS）作为一种放牧管理模拟模型，是随着信息技术的发展和生态学研究的定量化、微观化而发展起来的，运用放牧管理决策支持系统不仅可以模拟牧草生长、动物生长，还可以模拟管理措施，并利用其模拟结果来指导牧场的生产实践。同时，该系统还是一个可用于科学研究、教学和推广的优秀工具[12]。当前，一部分学者运用放牧管理模型，在国内不同类型的草原生态环境上进行了对动态草畜平衡的实践研究。现介绍在国内应用较为广泛的几种放牧管理模拟模型。

1. ACIAR 系列模型

ACIAR 系列模型又称家庭牧场家畜草地优化管理模型（Optimized Management Models for Household Pasture Livestock Farm Production，OMMLP），是澳大利亚国际农业研究中心（Australian Centre for International Agricultural Research）与内蒙古农业大学、甘肃农业大学、中国农业科学院草原研究所等单位共同开发的，用于中国北方草原家庭牧场的生产经营、管理及生态环境保护方面的系列评估，后经中国学者对该模型进行进一步改进，实现了该模型参数的本土化及界面化。该模型可在家庭牧场框架内为畜牧业生产提供决策支持，具有强大的草地家畜管理功能和模拟数据分析功能，其所需要的主要参数来源于大量的数据调研、长期试验及历史资料。该模型所采用的计算公式以经验公式为依据，考虑了包括气候、牧场、土壤、牲畜、政策、财务和人力等因素。从而分析牧场生产体系中不同组分间的相互作用，通过一系列机理模型模拟运行，获得整个放牧系统的经营和管理结果[13]。家庭牧场家畜草地优化管理模型（OMMLP）的实现过程和详细公式部分，请见本章第六节的能量平衡型草畜平衡内容。

ACIAR 系列模型主要有数据库（Database）、可行性运行系统（Feasibility）、经济分析系统（Analysis）、决策测试系统（Policy Testing System）和结果输出系统（Out-put）等五个部分。数据库为模型提供基础信息，包含牧场生产体系的各项数据；可行性运行系统作为畜群优化的重要系统，通过分析草-畜平衡动态来监测草地；经济分析系统作为支持决策系统的重要依据，其主要作用是对草地、家畜、牧场进行综合经济核算；决策测试系统主要影响草地家畜管理的各种决策的实施；通过结果输出系统可以整体了解放牧系统内在运行及各种管理决策的优劣，并以数据形式反映整个决策实施后的各种评估指标[14]。

该系列模型共包含 4 个模型，即草畜平衡模型、牧场优化生产模型、精准管理模型和可持续发展模型[15-16]。

通过对具体一个家庭牧场基本参数的设定，草畜平衡模型可以通过报表和曲线的形式模拟该牧场的基本运营情况，计算出牧场所消耗的资源、产出、利润、温室气体排放等，从而科学评估该牧场的经营水平。在对牧场有较为详细了解的基础上，使用该模型来评估，需要设置包含补饲参数、草地参数、牲畜参数、经济和气象参数以及其他参数在内的 5 类共 787 个基本参数。

牧场优化生产模型可以计算出牧场在不同试验水平以及不同情况下所消耗的资源和产出。该模型的具体计算方式为：通过试验设计，在一个具体的家庭牧场，设置不同的载畜率水平以及不同水平下牲畜的相关参数，并设置饲料地选种的饲料作物种类等限制因子，模拟该牧场的运营。该模型能够以利润最大化原则，优选出净利润最大的试验水平，并给出各种畜产品收入、各项支出、净利润等结果。为了事先对模型模拟的具体家庭牧场的基本情况有较详细的了解，操作员需要设置包含草地参数、牲畜参数、支出费用、饲料地及补饲参数、劳动力参数以及条件设置的 6 类上千个参数。需要注意的是该模型的试验设计比较复杂，因此更加需要科学的设计参数。

精准管理模型是由甘肃农业大学基于文献、试验测定和典型农户调查等数据，在 Microsoft Excel 中建立的模型。该模型的参数包含家畜的数量、性别、体况评分、体重、牙齿状况，以及乳房状况（母畜）等。模型以羔羊的断奶成活率作为重要指标对家畜个体生产水平进行评估，评估后对亏损家畜个体进行淘汰，并将淘汰家畜剩余的饲料投入到保留家畜，以提高其生产水平，在实现降低草原载畜量的同时维持或提高农牧民收入[17]。

可持续发展模型是一个动态生物经济模型，是以恢复草地和增加中国北方低生产力草地家畜盈利为目的而构建的模型。模型所需基本信息来源于家畜生产数据和与之相关的实地调查，包括草地与饲养家畜之间的供需关系。该模型的附加功能是模拟风蚀、土壤肥力损失，估测草地长期生产力和效益回报。该模型已经在北方当前牧场状况下进行了放牧压力管理方面的模拟[18]。

ACIAR 系列模型是我国本土模型，针对性和实用性较强，但也存在着参数多、定量化难的问题，并且各个模型之间是相对独立存在的，模型之间的数据和结果没有关联性[13]。

使用 ACIAR 系列模型可以评估牧户的生产经营状况，确定合理的载畜率、家畜繁殖率、补饲方式、市场出售时间等，并不断进行参数矫正，为牧户生产提供决策支持，使牧户获得较高经济效益的同时，实现草地的可持续性发展。该模型已在中国内蒙古、甘肃部分地区进行参数矫正并试点运行[15,19]。谢静、李治国等在内蒙古锡林郭勒盟正镶白旗额里图牧场典型草原 3 户家庭牧场，运用 ACIAR 系列模型对现有载畜率进行优化后发现其可以有效地提高牧民的经济效益[20]。张睿洋、韩国栋通过收集当地多年的草地、家畜、经济和气象等数据，在鄂温克旗巴音胡硕嘎查对试验牧场整体放牧系统应用 ACIAR 系列模型进行模拟，发现当前牧场实际载畜率较高，并分析出最适载畜率，当载畜率降到最适时经济效益能够增加 35%，草地剩余干物质增加 16.8%，能量需求减少 23%，可以有效维持家畜能量的供需平衡。即降低载畜率有利于该嘎查家庭牧场的草地生产能力和牧民经济收入的提高[21]。李治国等运用 ACIAR 系列模型的草畜平衡模型和牧场优化模型，对锡林郭勒盟三种草地类型（草甸草原、典型草原、荒漠草原）的家庭牧场进行了草畜平衡优化模拟研究，发现家畜能量供需在年度内呈不平衡状态，均存在入冬前期补饲量不足和入冬后不同程度的过量补饲现象，家庭牧场实际载畜率在草甸草原、典型草原、荒漠草原三种类型草原上的超载比例，以荒漠草原最高、草甸草原最低，当利用模型优化后，家庭牧场可以在降低载畜率的同时获得一定的经济收益提升，牧户净收益从低到高依次为典型草原、草甸草原、荒漠草原[22]。

2. GrassGro 模型

GrassGro 决策支持系统是澳大利亚科学与工业研究组织（CSIRO）植物工业部开发的放牧管理软件，是 GRAZPLAN 决策支持项目的一个组成部分[23]。同时，GrassGro 是微软 Windows™ 的一个计算机程序，用户可以利用其从生产、经济和年际变化方面进行分析，按照水、土壤、大气、草地、家畜系统相互作用机理，以逐日气象数据为驱动变量模拟土壤环境、草地家畜的自然和经济动态，评估自然和管理因素对牧场生产和利润的影响。该模型可以预测牧场的经营风险，还可以依据气象、土壤和牧草参数来估测牧草的生长量，并能结合草地饲养的动物品种、生产能力、产品质量和价格，确定补充饲草量，制定饲草饲料生产计划，以达到畜群管理的最佳经济效益。此模型是由澳大利亚科学家在该国降水丰富的温带草原地区进行大量试验，通过数据分析模拟构建的具有通用性的强大管理功能的放牧决策模型。因此，GrassGro 可以预测不同的草场利用率对牲畜生产的影响，牧草供给的年际变化情况，不同品种牲畜对能量和蛋白质的需求以及牧草采食量。利用 GrassGro 模型可以模拟比较不同的草场生态环境，简单的轮牧和休牧计划，简单的补饲策略，哺乳和断奶日期以及不同载畜率的效果，从而为牧民和牧场管理者制定适合自身草地-动物生产的具体策略，从而实现资源的低损耗和可持续利用[24]。该系统功能强大，因此需要提供和确定各种参数，对使用者的技术水平要求很高。GrassGro 模型最大的优势在于其对草地生态过程包括草-畜相互作用，具有定量的、科学的决策草地利用强度、程度及其带来的经济效益的功能[25]。

段庆伟收集了模型需要的 30 个参数以及内蒙古草原生态系统定位研究站的土壤和气象数据，对 GrassGro 模型的参数进行了相应的校正。并且，在GrassGro 模型中添加了禁牧模块，使其更加适用于中国北方草原的管理模式。因此，用校正后的 GrassGro 模型模拟了不同放牧强度和不同管理方式对草地、家畜、效益的影响，发现季节性休牧可以使优势种羊草和大针茅的比例显著提高，糙隐子草的比例下降。当放牧强度增大时，休牧对草地群落结构的影响变得更加显著。轮牧能增加春季生长高峰时的生物量，但总体对地上生物量的影响效果很小。全年连续放牧时，高质量补饲提高了 6 月初的母羊平均重量，有利于保持牲畜良好的身体状况和旺盛的生长力。利用放牧实验的结果，对模型放牧模块进行验证，检验不同放牧强度对草场的影响。结果表明，模拟值与实测值拟合程度较高[26]。

蒙旭辉同样收集了模型所需的参数以及呼伦贝尔草甸草原生态系统野外观测试验站的土壤和气象数据，校正了 GrassGro 模型所需的参数，使其适用于呼伦贝尔草甸草原地区。利用校正后的 GrassGro 模型模拟了不同放牧强度下草地生物多样性及草地家畜体重变化，得出了该地区的适宜载畜量。在中度放牧强度条件下，群落能维持较高的多样性，随着放牧强度的增加，羊草草地的伴生种（二裂委陵菜）比例增加，促使草场退化。利用 GrassGro 模型，发现轮牧是长期放牧模式的最优选择[27]。

3. Noy-Meir 模型

丁路明等首次运用以色列的 Noy-Meir 放牧系统动态模型来研究如何提升青藏高原草地放牧管理决策。Noy-Meir 放牧系统动态模型是以以色列希伯来大学农业、食品和环境质量科学学院 Noy-Meir 教授的名字来命名的草地放牧管理模型,该模型将放牧草食家畜定义为捕食者,将牧草定义为被捕食者,运用"捕食者-被捕食者"理论模拟放牧系统。人类利用和控制的放牧系统,从人工草地到天然草原,均可被认为是"捕食者-被捕食者"系统的一种特定实例。该模型主要关注牧草生长所带来的地上生物量和家畜采食量这两个数据的变化过程,包括牧草生长率和生物量模块、家畜采食量和牧草生物量模块以及单位面积畜群日采食量模块三个部分。经过相应的校正,该模型能够应用于放牧草地生态系统的管理预测,方便指导草地管理[28]。

Noy-Meir 模型对各类牧草生长率进行了详细的参数化设定,可以模拟牧草的生长率随着时间的变化。该模型设定当草地牧草生物量高于家畜能够采食的最低生物量时,家畜日采食量随草地牧草生物量的增加而增加,直至达到最大采食量。当牧草停止生长,随着家畜采食的持续进行,采食量受牧草可获得性的减少而逐渐下降。除此之外,该模型还设定了干草期和青草期牧草相对质量因子。随着载畜量的不断增加,当其增加到临界值或阈值时,畜群日采食量逐渐由增转衰,此时草地牧草生物量也开始显著下降,这个临界值成为控制载畜量的关键节点。因此,适宜的载畜量在草地生态系统的草畜平衡中非常关键[29]。

牧草返青后多久适合开始放牧家畜,才能避免牦牛在返青期的"赶青"现象,从而保持或提高牦牛体重,是青藏高原牧场放牧管理的关键决策[30]。丁路明等根据已有的研究结果,对牧草最大生物量、牧草生长期、放牧终止时间、牧草相对生长率、干草相对质量因子、牦牛最大日采食量、牦牛能够采食的牧草最低生物量、放牧效率等 Noy-Meir 模型参数进行了校正。通过利用 Noy-Meir 模型模拟研究发现,放牧开始时间延后 80~90 天、载畜量保持在每公顷 1.5 头牦牛左右,畜群可以获得牧草生长季末为止的较高的总采食量。该模型能够较好地预测和调整家畜放牧率以及适应牧草生长和草场牧草供应量的开始放牧时间,对于青藏高原家畜放牧管理有着较好的指导作用[28]。

除此之外,草原生产和利用模拟模型(Simulation Production And Utilization Of Rangeland,SPUR)是美国草地科学家开发的一个草地生态系统模拟模型,包括气象记录、水文与土壤、植物、家畜、野生动物和昆虫、管理、经济七个模块[31]。GRASIV 模型(Grazing Simulation Model)是以美国肯塔基肉牛模型为基础开发的一个综合的、涵盖放牧管理所有因素并可以模拟高强度轮牧管理的模型。该模型包括牧草生长、水分平衡、土壤营养和收获管理等四个部分[32-33]。

ACIAR、GrassGro、SPUR、CRASIM 等模型涉及的参数较多,属于牧场综合管理模型,通过模拟来完善牧场管理手段,从而提升草地生态、家畜生产性能以及牧场经济效益。这些模型主要通过平衡草畜关系、能量供需关系、营养流等实现资源利用和经济效益的最大化。

三、草畜平衡实践

草畜平衡是解决我国草畜矛盾的重要手段。2019年3月5日，习近平总书记参加十三届全国人大二次会议内蒙古代表团审议时强调："保护草原、森林是内蒙古生态系统保护的首要任务。必须遵循生态系统内在的机理和规律，坚持自然恢复为主的方针，因地制宜、分类施策，增强针对性、系统性、长效性。"习近平总书记关于自然恢复的重要论述，为广大草原地区解决生态与发展平衡问题指明了方向，草畜平衡实践所要实现的就是生态的自然恢复。当前，我国大部分天然草原仍处于家畜超载过牧状态，少数地区的超载率仍在30％以上。草畜平衡实际上是生态与生产的平衡，国际国内经验表明，超载生产效率低，减少家畜数量、提高生产效率是草原畜牧业转型升级的重要方向。通过草畜平衡实践，在生态优先，绿色发展导向下促进草原畜牧业转型升级。

（一）草畜平衡被动管理实践

在草原文明发展的历史长河中，草食动物驯化被认为是其历史上最重要的发展之一，也是人类文明兴起的先决条件之一。草食动物的出现为人类提供了稳定的肉食资源以及奶、毛皮等副产品，同时作为生产、骑乘、运输的工具，极大地提高了人类的生产与生活能力，导致草原社会经济形态复杂化并逐渐由采集、渔猎向游牧转变。对于草食家畜的起源，一般认为，在新石器时代早期，人们在狩猎活动中逐渐了解和认识了他们所接触到的动物的生活习性、生长发育、繁殖方式，掌握了动物活动的规律，通过接近、接触、围养、圈养等方式，懂得了动物的家化和驯养。在中国，黄牛骨骼从公元前7500年左右的新石器时代中期开始在北方地区出现，并且一直延续下来；羊的骨骼可以追溯到7 000年前，在河南新郑裴李岗遗址、陕西大地湾文化的元君庙灰坑中、陕西省西安半坡遗址中都曾出土。近年来，随着吉林大学考古实验室、中国农业大学等积极开展中国草食动物的研究，并取得显著的成果，初步建立了中国主要黄牛、绵羊、马等草食动物DNA数据库，为研究中国历史不同时期草食动物的起源与扩散提供了宝贵的遗传学资料。

在1949年新中国成立以前，我国草原的利用方式是以游牧为主，在历史古籍中有非常多的记载。本节在借鉴前人研究基础上[34-37]，为更为广泛搜集古籍资料，通过爱如生中国基本古籍库（http：//dh. ersjk. com）、《二十五史》全文阅读检索系统（http：//25s. lib. bnu. edu. cn/net25）、鼎秀古籍全文检索平台（http：//www.ding-xiu.com）、古籍馆数据库（https：//www.gujiguan.com/）、知识图谱（https：//cnkgraph.com/Book）等平台对古籍文献中的关键词进行了一次检索，以随水草放牧为例，通过知识图谱数据库，以水草和畜为关键词进行检索，见图2-1。在一次检索基础上，根据主题进行了人工二次检索。

图2-1 历史古籍检索

经过对获取文献进行分类分析，我国草畜平衡被动管理实践主要分为三类，一是随水草放牧；二是遇意外迁徙；三是限定区域游牧。

1. 随水草放牧

从部落时代到清朝之前，游而牧之，逐水草而居，是这个时期草原利用的主要特征。随水草放牧的游牧是草原民族的基本生产方式，我国古代各类历史文献中对于北方草原地区各民族的随水草放牧实践有非常多的文献记载，见表2-11。

表2-11　草原主要民族随水草放牧文献记录

民族	资料内容	资料出处
匈奴	其畜之所多则马、牛、羊，其奇畜则橐驼、驴、骡、駃騠、騊駼、驒騱，逐水草迁徙，毋城郭常处耕田之业，然亦各有分地。	史记-汉-司马迁 卷一百一十匈奴列传第五十
乌桓	随水草放牧，居无常处。以穹庐为舍，东开向日。食肉饮酪，以毛毳为衣。	后汉书-宋-范晔 卷一百二十
鲜卑	国有大鲜卑山，因以为号，其后，世为君长，统幽都之北，广漠之野，畜牧迁徙，射猎为业，淳朴为俗，简易为化，不为文字，刻木纪契而已。	魏书-北齐-魏收 魏书卷一序纪第一
吐谷浑	伏连筹死，子夸吕立，始自号为可汗，居伏俟城，在青海西十五里，虽有城郭而不居，恒处穹庐，随水草畜牧。	魏书-北齐-魏收 魏书卷一百一

（续）

民族	资料内容	资料出处
突厥	被发左衽，穹庐毡帐，随逐水草迁徙，以畜牧射猎为事，食肉饮酪，身衣裘褐。	北史·唐·李延寿 卷九十九列传第八十七 突厥
铁勒	居无恒所，随水草流移。	北史·唐·李延寿 卷九十九 列传第八十七 铁勒
狄	又狄散居野泽，随逐水草，战则与室家并至，奔则与畜牧俱逃。	北史·唐·李延寿 卷三十四列传第二十二
乌洛侯	入冬则穿地为室，夏则随原阜畜牧。	北史·唐·李延寿 卷九十四列传第八十二 四夷
室韦	夏则城居，冬逐水草，多略貂皮。	北史·唐·李延寿 卷九十四列传第八十二 四夷
回纥	无君长，居无恒所，随水草流移。	旧唐书·后晋·刘煦 旧唐书/第一九五卷
吐蕃	其畜牧，逐水草无常所。	新唐书·北宋·欧阳修 新唐书/第二一六卷上
契丹	逐寒暑，随水草畜牧。	北史卷九十四列传第八十二
奚	随逐水草，颇同突厥。	北史卷九十四列传第八十二
蒙古	自夏及冬，随地之宜，行逐水草。	元史·明·宋濂 卷一百志第四十八

从上述文献资料中，可以清晰看出北方草原各民族畜牧业生产的特点——随水草放牧。随水草放牧是人与畜群的共同迁徙，这种人与畜群共同迁徙的移动性也是区别牧区与农区、半农半牧区家畜饲养业最显著的特征。著名游牧学者欧文·拉铁摩尔（Owen Lattimore，1900—1989）在《中国的亚洲内陆边疆》（Inner Asian Frontiers of China）一书中记述了其对中国内陆边疆的四个地区（东北、内蒙古、新疆、西藏）的游牧进行了深入考察，在比较不同生产方式的基础上，发现了游牧社会与农业社会之间的过渡地带。

"随水草放牧"的生产、生活方式，是与草原地区特定的自然生态环境相关的。我国北方地区以高原、山地、丘陵、平原为主，降水稀少、冬季漫长寒冷，且常有暴风雪，夏季短暂干热，气温的年较差和日较差都很大。因此，草原地区不适宜发展种植业，随水草放牧的畜牧业是其主要发展方式。草畜直接建立起一种特殊的关系，一是利用动物的草食性将人们无法直接利用的植物资源，转化为人们能够食用的乳、肉等食物以及能够利用的皮毛等生活资料；二是饲养动物必须满足动物的生存条件——对饲草和饮水的需求，草原上的牧草再生长恢复需要一定的时间，所以必须适时转移放牧地，以保证牧场能够恢复，同时面对一大群牲畜的用水需求，必须让畜群靠近水源放牧来解决。因此，随水草放牧，需要人们逐水草而居，以保证满足一定规模的畜群对草、对水的需求，保证牧场能够及时恢复。

2. 遇灾害迁徙

在自然环境的诸多要素中，不仅气候变迁在很大程度上导致大规模减畜，并诱发游牧民族大规模的频繁迁徙，决定游牧民族迁徙的方向和特点，而且像降水量的变化和蝗灾、旱灾、雪灾等自然灾害，也往往成为游牧民族社会动荡的触发因素，极端情况下可以产生很严重的后果。一项新研究显示，在古埃及，当发生显著的气候变化时，诸如大羚羊等哺乳动物的数量也会发生波动。基于上述分析，在无国史籍就可以看到，在各个历史时期，由于自然灾害而导致游牧民族社会大动乱、大饥荒的例子不绝于史，草原地区就遭受了多次严重的自然灾害，其中有些雪灾也被记述下来，见表2-12。

由表2-12可知，雪灾是畜牧业生产的大敌，除此之外，干旱、暴风雪、蝗灾、瘟疫等自然灾害，都是导致草原畜牧业大规模减畜的原因。

综上可知，自然灾害是草原畜牧业发展的大敌，同时也说明在天然情况下草原畜牧业具有脆弱性。当草原地区遭受这些严重的自然灾害来袭时，游牧民族为了维持生计，考虑迁出灾害多发地区也许是一种不得已的办法。

表2-12 草原地区雪灾文献记录

时间	资料内容	资料出处
公元前104年	其冬，匈奴大雨雪，畜多饥寒死，儿单于年少，好杀伐，国中多不安。	史记-汉-司马迁卷一百一十匈奴列传
公元前71年	会天大雨雪，一日深丈馀，人民畜产冻死，还者不能什一。	汉书-汉-班固卷九十四上
公元46年	而匈奴中连年旱蝗。赤地数千里草木尽枯。人畜饥疫死耗太半。三分损二为太半。	后汉书-南朝宋-范蔚宗卷八十九·南匈奴列传第七十九
公元347年	晋穆帝永和三年八月，冀方大雪，人马多冻死。	宋书-梁-沈约志第二十三 五行四
公元447年	真君八年五月，北镇寒雪，人畜冻死。	魏书-北齐-魏收魏书卷一百一十二上
公元546年	武定四年二月，大雪，人畜冻死，道路相望。	隋书-唐-魏徵卷二十二
公元629年	频年大雪，六畜多死，国中大馁，颉利用度不给，复重敛诸部，由是下不堪命，内外多叛之。	旧唐书-后晋-刘昫旧唐书/卷一百九十四上
公元839年	连年饥疫。羊马死者被地。又大雪为灾。	唐会要-宋-王溥卷九十八
公元1453—1454年	景泰四年冬十一月戊辰至明年孟春，山东、河南、浙江、直隶、淮、徐大雪数尺，淮东之海冰四十余里，人畜冻死万计。	明史-清-张廷玉卷二十八

（续）

时间	资料内容	资料出处
公元 1477 年	成化十三年四月壬戌，开原大雨雪，畜多冻死。	明史-清-张廷玉卷二十八
公元 1503 年	弘治六年十一月，郧阳大雪，至十二月壬戌夜，雷电大作，明日复震，后五日雪止，平地三尺馀，人畜多冻死。	明史-清-张廷玉卷二十八
公元 1618 年	四十六年四月辛亥，陕西大雨雪，橐驼冻死二千蹄。	明史-清-张廷玉卷二十八

3. 限定区域游牧

从清朝至 1949 年之前，这种游牧的草原利用方式逐渐发生转变。清朝实行的盟旗制度，严禁牧民越过本旗游牧，否则直接处罚。在康熙《大清会典》中提出"越境游牧者：王罚马十匹；贝勒、贝子、公罚马七匹；台吉罚马五匹；庶罚牛一头。"历史古籍记述有大量关于限定区域放牧管理的材料，其中清朝记述的一些材料，见表 2-13。

表 2-13　清朝限定区域放牧管理材料

序号	资料内容	资料出处
1	五月丁未，奈曼、札鲁特诸贝勒越界驻牧，自请议罚。上宥之。	清史稿-近现代-赵尔巽本纪二　太宗本纪一
2	八年，敕牧界毋许侵越。	清史稿-近现代-赵尔巽卷一百四十一
3	其兵丁强人代牧，乃勒索扰累者，兵发刑部，官降调。	清史稿-近现代-赵尔巽卷一百四十一
4	旋命至春科尔大会蒙古诸部，分画牧地，使各有封守，复与诸贝勒亭平其狱讼。	清史稿-近现代-赵尔巽卷二百三十
5	以越界驻牧自议罪，内齐、色本、玛尼及果弼尔图、巴雅尔图、岱青，请各罚驼十、马百，诏宽之，各罚马一。	清史稿-近现代-赵尔巽卷四百五十三
6	十七年，以厄鲁特额尔德尼和硕齐等掠乌喇特牧，谕严防汛。	清史稿-近现代-赵尔巽卷四百五十三
7	师旋，以奈曼、翁牛特部违令罪各罚驼马，诏分给所部。	清史稿-近现代-赵尔巽卷四百五十三
8	私入边游牧者，台吉、宰桑各罚牲畜有差；所属犯科一次，罚济农牲畜以五九。	清史稿-近现代-赵尔巽卷四百五十三
9	五十年，黑龙江将军恒秀等查办是部人等报称阿鲁布拉克卡并未外展占越，桑斋多尔济坐罚俸。	清史稿-近现代-赵尔巽卷四百五十三
10	王大臣等遵旨议善后事宜，奏青海王、台吉等应论功罪定赏罚，游牧地令各分界，如内扎萨克例。	清史稿-近现代-赵尔巽卷四百五十三

在严格的盟旗制度下，草原地区牧民被迫改变原有的游牧方式，只能选择在特定季节特定牧场进行放牧以及冬季储存牧草等。家畜数量极易受气候变化及草原生产力波动性的影响，牧民必须根据长期累积的草原物候经验进行定期转场。

综上所述，整体上游牧时期，受到自然环境、战争、疾病等影响，这个阶段的草畜关系处于一种自然动态平衡的状态之下，对草原的管理属于一种被动的草畜平衡管理方式。

（二）草畜平衡粗放管理实践

1949 年新中国成立之后至 90 年代末期，我国草原的利用方式发生了根本改变，游牧基本上消失殆尽，连续放牧和固定放牧占据了主体。经过对获取文献进行分类分析，我国草畜平衡粗放管理实践主要分为两类，一类是牧区合作社；另一类是草原家庭承包责任制。

1. 牧区合作社

1949 年，中国人民政治协商会议共同纲领第三十四条规定："关于农林渔牧业：在一切已彻底实现土地改革的地区，人民政府应组织农民及一切可以从事农业的劳动力以发展农业生产及其副业为中心任务，并应引导农民逐步地按照自愿和互利的原则，组织各种形式的劳动互助和生产合作"。1951 年 9 月，中共中央召开了第一次互助合作会议。1952 年，随着互助组和合作社的建立，我国开展了农业合作化运动。以内蒙古为例，1952 年 5 月锡林郭勒盟开始成立互助合作组织，组织形式是：①合群放牧、劳动互助；②政府贷款、贷畜组织起来的经济合作，劳力互助；③按苏鲁克办法组织的新劳资互助形式，即新苏鲁克制（畜主向有劳力户放牲畜，按优于旧苏鲁克的比例分畜）。

在发展农业互助合作运动中出现了急躁冒进倾向。为纠正这种倾向，1953 年 3 月 8 日发出了《关于缩减农业增产和互助合作五年计划的指示》。1954 年 4 月中央农村工作部召开第二次农村工作会议，指出农村将相继出现一个社会主义革命高涨的局面。1955 年 2 月 10 日，中央发出《关于整顿和巩固农业合作社的通知》，要求各地停止发展，集中力量进行巩固，在少数地区进行收缩。1955 年 10 月 4—11 日，中共中央在北京召开七届六中全会，通过了《关于农业合作化问题的决议》，要求到 1958 年春在全国大多数地方基本上普及初级农业生产合作，实现半社会主义合作化。会后，合作化运动急速发展，以内蒙古为例，1955 年年底以前，畜牧业生产的社会主义改造以发展互助组为主，只试办了 20 个牧业生产合作社。1956 年牧业合作化有了较快发展，到年底全区牧业生产合作社发展到 450 个，有 1.8 万户牧民参加了合作社，占全区牧户总数的 22％；全区 5.9 万户牧民参加了各种类型的牧业生产互助组，占全区牧户总数的 61%。1957 年年底，全区牧业生产合作社发展到 640 个，入社牧户占总牧户的 27.1%。1958 年 7 月，在全国贯彻党的社会主义建设总路线的形势推动下，牧区社会主义改造进入高潮。7 月，牧业生产合作社已达到 2 083 个，入社牧户占总牧户的 80% 以上，连同参加互助组的牧民在内，组织起来的牧民占到牧户总数的 96.29%。牧区基本上实现了合作化，完成了畜牧业生产的社会主义改造。

1958 年，全国农村掀起高举三面红旗加速社会主义建设的新高潮，牧区也加速了合作化的步伐。1959 年内蒙古自治区党委颁布了《关于牧区人民公社畜群管理的意见》，要求根据草场好坏、水源分布、居住情况、劳动力和牲畜多少等划分不同类型区，具体确定畜群规模、畜群配置和放牧管理办法。在放牧上，要求专人跟群放牧，"人不离畜，畜不离群"，彻底改变了过去劳动力缺乏的瞭牧习惯，细化了放牧管理，强调了内部分工，这种划分季节牧场的分区轮牧强调了传统中的协作和互助[38]。

2. 草原家庭承包责任制

20 世纪 80 年代以后，草原地区开始施行家庭承包责任制，大致可以分为两个阶段，一是牲畜承包到户，二是草场承包到户。

（1）牲畜承包到户。20 世纪 80 年代初至 80 年代末，只是将所有牲畜承包到户，同时部分草场开始承包。在 80 年代初，内蒙古锡林郭勒盟根据中央关于农村牧区工作的连续 3 年 1 号文件精神及自治区搞好农村牧区改革，推行草畜双承包生产责任制的统一部署，于 1982 年开始对牧区落实了草畜双承包责任制。1983 年，在自治区旗（县）委书记会议上，赤峰市巴林右旗介绍了实行牲畜作价承包的做法，受到普遍赞同和充分肯定。会后，一些地区在作价承包的基础上，又逐步实行了"作价归户，分期偿还，私有私养"的责任制。1984 年 7 月召开的内蒙古自治区牧区工作会议决定，在牧区全面推行草原分片承包、牲畜作价归户的"双包制"，即"草场公有、承包经营、牲畜作价、户有户养"，把"人畜草""责权利"有机地统一协调起来，使经营畜牧业和经营草原紧密挂钩，让生产者在争取获得更多经济效益的过程中，关心生态效益，激发牧民养畜和保护建设草原的积极性，初步形成了适应牧区特点的社会主义畜牧业经营管理体制。

（2）草场承包到户。20 世纪 80 年代末至今，草原地区大部分草场开始承包到户。1983 年牲畜和草牧场使用权固定到浩特乌素（联户），1988 年草牧场使用权固定到户。根据 1996 年《内蒙古自治区进一步落实完善草原"双权一制"的规定》的通知，全区进一步落实了草场所有权、使用权和承包责任制，把草牧场使用权彻底承包到户。草牧场承包制度进一步完善，承包户与嘎查（村）之间签订承包合同，明确承包期限为 30 年不变，并向各承包户发放草场承包经营权证或联合经营权证。

综上所述，新中国成立初期，我国生产力水平极为低下，政府号召大力促进生产，在草原牧区，这意味着大力增加家畜的饲养数量，最终导致了天然草原严重退化。改革开放之后，草原退化现象已经十分明显，政府和地方开始意识到这个问题，并采取了一定措施试图解决这一问题，如颁布《草原法》、限制草原的过度利用等。然而，这并没有有效遏制草原退化的势头。整体上，这一阶段的草畜关系开始处于一种长期失衡的状态，对草原的管理属于以大力促进畜牧业生产为主要目的的粗放型管理方式。

（三）草畜平衡精细管理实践

进入 21 世纪，随着草原生态问题不断显现，各种生态安全问题日益严峻地摆在人们面前。在对草原建设加大投入的同时，党和政府开始重视草畜平衡问题。国务院 2002 年 9 月发布的《关于加强草原保护与建设的若干意见》（国发〔2002〕19 号）中，明确提出了实行草畜平衡制度，指出："地方各级人民政府要加强宣传，增强农牧民的生态保护意识，鼓励农牧民积极发展饲草饲料生产，改良牲畜品种，控制草原牲畜放养数量，逐步解决草原超载过牧问题，实现草畜动态平衡"。2003 年 3 月 1 日实施的新修订的《草原法》，以法律的形式明确规定：国家对草原实行以草定畜、草畜平衡制度，为建立和推行草畜平衡制度奠定了法律基础。2005 年 1 月，农业部发布了《草畜平衡管理办法》，并于 3 月 1 日起正式实施。这一办法对开展草畜平衡工作的基本原则、各级草原行政主管部门及草原监理机构的职责、草原载畜量标准的制定、草畜平衡的核定与抽查、草畜平衡的日常管理等作出了详细具体的规定，标志着我国草原管理进入法治化阶段。

草畜平衡精细管理实践中，按照考虑因素的不同，可分为自然生产型草畜平衡、人工草地型草畜平衡和能量平衡型草畜平衡。

1. 自然生产型草畜平衡

在自然生产力条件下草原放牧系统的草畜平衡阶段。草畜平衡的关键是发挥天然草场的生产潜力。在具体实践过程中，主要措施包括如下几个方面：

（1）优化畜群结构。我国草原退化的主要原因是家畜超载过牧，因而，以草定畜，减少家畜数量，降低草原承载压力，实现草畜平衡是当前开展草原生态修复最重要的措施。如果家畜数量超出草原的承载能力，草原就会放牧过度，就会影响草原植被的再生和恢复，从而导致植被稀疏低矮、产草量不断下降、土壤裸露、沙化退化。实施草畜平衡的关键是控制好放牧家畜的总量，根据特定区域牧草的产量，科学确定所能放牧的家畜数量，以草定畜、超载减畜、减压降负、兼顾生态效益与经济效益，实现可持续发展。

以内蒙古自治区鄂尔多斯市鄂托克旗阿尔巴斯苏木敖伦其日嘎嘎查斯日古林为例，通过多年放牧，斯日古林发现家里的草场最多能养650多只羊，在降水多的时候，他将羊群数量控制在650只左右，在降水量低的年份控制在400只左右，从而实现了以草定畜的目标。斯日古林注重优化畜群结构，每年都要保留30～40只精挑细选的种羊，提高羊群品种质量。与其他牧户饲养的相同年龄的羊相比，每只羊的羊绒要多卖70～100元、肉多卖500元、羊皮多卖70～100元，年收入超过30万元。

（2）做好饲草料储备。"夏饱、秋肥、冬瘦、春死亡"一直以来是畜牧业生产中长期存在而未完全解决的一大难题，每年春季，气温变化无常，时高时低还伴随有大面积的降雪，牲畜死亡率都会或多或少的增加，因此牲畜越冬度春应急草料需求较大。为确保畜牧业生产持续稳定健康发展，破解"春死亡"难题，需要采取有力措施认真做好饲草料应急储备工作，为牲畜越冬度春提供坚实的物资保障。

以四川省阿坝藏族羌族自治州若尔盖县为例，在若尔盖县阿西镇的天然草场上，村民们熟练地操作着打草机械来回穿梭，整个草场呈现出一派繁忙的景象。每到秋天会把过冬的草料储好，如果自家草场打不够，还会从别处购买。据了解，该县牧户储备冬春草料，户均0.8吨左右，全县1万余户牧民，有草料8 000余吨；种草合作社及企业有400余吨青干草；两家保险公司贮备饲草料600余吨；县委、县政府为牧民群众代购饲料、玉米、小麦等1 300余吨，共1万余吨的饲草料，有效满足了全县牧民应对恶劣天气和灾害的需求，保障了全县畜牧业整体发展健康安全。

（3）实行划区轮牧。当前，我国大部分草原已经确权承包，牧民分户经营的格局已经形成，划区轮牧生产方式已经深入人心，通过围栏控制，有计划地放牧才能充分利用天然草场的生产潜力。划区轮牧的理论发源于季节畜牧业，是一种开放的农业技术体系，是在国内外长期、大量的科学试验和生产实践基础上，形成能够协调草原生态与生产功能，促进畜牧业可持续发展的关键技术。新中国成立后，各级党委、政府积极采取措施，在主要牧区发展以牧业为中心的多种经济，20世纪80年代以来，传统游牧已经逐渐被定居转场的放牧方式所取代。21世纪以来，国家持续创设完善草原政策体系，确立了"生产生态有机结合、生态优先"的基本方针，支持划区轮牧，保护草场，各地采取了季节性轮牧、小区轮牧等方式，与其他草原保护政策措施相结合，草原利用方式从原始粗放向有序可控转变，草原生态加快修复，牧民收入持续增加，畜产品供给能力稳步提升。

划区轮牧是加快现代草原畜牧业发展的重要手段。2020年，全国草原综合植被盖度达到56.1%，比2011年提高了5.1个百分点，全国重点天然草原平均牲畜超载率下降到 10.1%，比 2011 年下降 17.9 个百分点，草原生态持续向好，为推进生态文明、建设美丽中国打牢了基础。划区轮牧也是全面实现小康的重要途径。2020 年，内蒙古、四川、西藏、甘肃、青海、新疆六大草原省份牛肉、羊肉产量分别达 212.6 万吨、243.9 万吨，分别较 2010 年增加 38.15%、25.05%，为加快推进草原畜牧业发展、拓宽特色畜产品供给作出了突出贡献。

2. 人工草地型草畜平衡

人工草地建设是根据牧草的生物学、生态学和群落结构的特点，有计划地将一部分草地因地制宜地播种多年生或一年生牧草，形成相对稳定的植物群落的一种草地建设方式。中国广泛开展人工草地建设始于 1979 年，常见人工种植的牧草有：紫花苜蓿、三叶草、早熟禾、沙打旺、红豆草、箭筈豌豆、草木樨、毛苕子、黑麦草、燕麦、羊草、披碱草、苏丹草、小冠花等。人工草地分为一年生、二年生和多年生三类。2021 年，国务院办公厅印发《关于加强草原保护修复的若干意见》，明确已垦草原，按照国务院批准的范围和规模，有计划地退耕还草，鼓励和支持人工草地建设，恢复提升草原生产能力，支持优质储备饲草基地建设，促进草原生态修复与草原畜牧业高质量发展有机融合。

以内蒙古赤峰市阿鲁科尔沁旗为例，地处科尔沁沙地西缘，由于自然灾害和草原过度利用，草场退化、沙化十分严重。为破解保护生态与经济发展之间的矛盾，决定发展人工种草产业。2008 年 5 月，随着阿鲁科尔沁旗第一个节水紫花苜蓿项目试种成功，小面积节水人工草地开发带动了大产业牧草种植发展，草场也因此得以休养生息，牧草产业从此迈出向机械化、科技化、产业化发展的步伐。阿鲁科尔沁旗从 2011 年起，每年以不低于 20 万亩的发展速度，鼓励支持企业和牧民大力发展节水型优质牧草种植。阿鲁科尔沁旗种植的牧草以紫花苜蓿为主，由于采用机械化方式科学种植，亩产超过 1 000 千克，是当地天然牧场产草量的 20 多倍，用水仅为传统灌溉量的 1/3，固土固沙和改善土壤作用明显，且经济效益增加。目前，草业核心区植被覆盖度已从 2008 年的不足 10% 增长到 90% 以上。

3. 能量平衡型草畜平衡

（1）草畜能量平衡模型。能量平衡型草畜平衡多以澳大利亚国际农业研究中心（Australian centre for international agricultural research，ACIAR）项目模型为基础，中国农业科学院草原研究所和内蒙古农业大学进一步开发了家畜生产优化管理模型（Optimized Management Models for Household Pasture Livestock Farm Production，OMMLP），见图 2-2。该模型是以天然草地饲草生长速率、人工草地及饲料地的饲草产量和其他饲草料来源，家庭牧场不同种类、品种、年龄的家畜数量和体重为指标，结合家畜生产繁殖管理及饲喂管理，从能量供需的角度分析逐月家庭牧场的草畜能量平衡状况，用于评估家畜在放牧或（和）补饲状态下的总体营养及逐月的代谢能量平衡[39]。

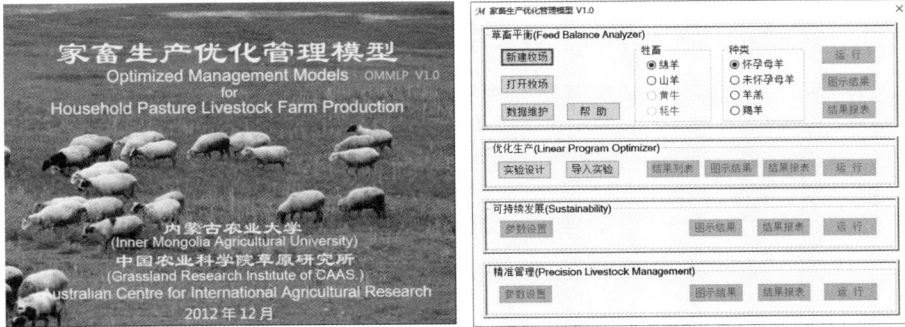

图2-2　家畜生产优化管理模型

草畜能量平衡模型中涉及多个计算公式，主要计算公式如下所示。

草地牧草干物质供应估测数学模型：

$$G_j^t = G_j^{t-1} - I_j^{t-1} - GW(G_j^t) \qquad (2.1)$$

其中，G 为草地可供家畜利用的牧草干物质量，I 为放牧家畜干物质采食量，GW 为草地干物质损失量，通常为总量的 10%。t 为时间，j 为草地。天然草地牧草区分为：喜食牧草、不喜食牧草、一年生牧草。

绵羊能量摄入计算：根据前人的研究成果，计算绵羊能量日需求量。

$$ME_{intake} = DMI_{Total}(-1.7 + MD_{totalaverage}) \qquad (2.2)$$

其中，DMI_{Total} 为总采食量，$MD_{totalaverage}$ 为总平均消化率（$\%$）。

$$家畜理论采食量 = PI \times \frac{104.7\,(0.079\,5DMD_0 - 0.001\,4) + 0.307LW - 15}{104.7\,(0.079\,5 \times 80 - 0.001\,4) + 0.307LW - 15}$$

$$(2.3)$$

其中，PI 为牧草消化率在 80% 以上时家畜的理论自由采食量；成年空怀母畜的理论采食量按照 $PI = 0.028SRW$ 估算，SRW 为标准羊单位；DMD 为饲料的平均消化率，0 指草地编号，LW 为家畜活体重。

干物采食量：

$$DMI = PI \times RI_{GC} \times RI_{DMD} \times RI_{DMA} \qquad (2.4)$$

$$RI_{GC} = RI_{GC,\,p-1}(1 - RI_{DMA,\,p}) \qquad (2.5)$$

$$RI_{DMD} = PI \times \frac{(0.079\,5DMD_0 - 0.001\,4) + 0.307LW - 15}{(0.079\,5 \times 80 - 0.001\,4) + 0.307LW - 15}$$

$$(2.6)$$

$$RI_{DMA} = 1 - exp(-2G \times 月初草地牧草可利用量) \qquad (2.7)$$

其中，RI_{GC} 为家畜胃肠容积，RI_{DMA} 为草场饲草供应量，RI_{DMD} 为草场饲草消化率，p 为月份。

干物质采食量转化为代谢能摄入量：

$$MEI = DMI\ (-1.7 + 0.17DMD) \tag{2.8}$$

家畜代谢能需求估测模型，放牧家畜代谢能需求：

$$ME = ME_{base} + ME_{grzae} + ME_{cold} + ME_{preg} + ME_{lact} \tag{2.9}$$

其中，ME 为母羊的总代谢能需求，ME_{base} 为维持代谢能需求，ME_{graze} 为放牧代谢能需求，ME_{cold} 为御寒代谢能需求，ME_{preg} 为繁殖母畜的代谢能需求，也包括妊娠代谢能需求，ME_{lact} 为泌乳代谢能需求。

$$ME_{base} = \frac{0.26LW0.75 \times e - 0.12}{0.02(-1.7 + 0.17DMD_{average} + 0.5)} + 0.09MEI \tag{2.10}$$

其中，MEI 代表代谢能摄入量：

$$ME_{graze} = \left[0.02DMI_{graze} \left(0.9 - \frac{DMD_{graze}}{100} \right) + 0.002\,6D \right]$$
$$\times \frac{LW}{0.02(-1.7 + 0.17DMD_{average}) + 0.5} \tag{2.11}$$

其中，D 为家畜行走距离：

$$ME_{cold} = \frac{\left[0.09LW0.66 \times 39 - 1.3 \dfrac{(ME_{base} + ME_{graze} + 0.39ME_{preg})}{0.09LW^{0.66}} \right.}{1.3 + I_e}$$
$$\frac{\left. - \dfrac{I_e \left(\dfrac{(ME_{base} + ME_{graze} + 0.38ME_{preg} - 1.3)}{0.09LW^{0.66}} \right) - T}{} \right]}{1.3 + I_e} \tag{2.12}$$

其中，W_{preg} 为怀孕母羊体重，T 为平均气温，I_e 为隔热系数，受风速、母羊被毛厚度、体况等因素影响。

$$ME_{preg} = \frac{7.64 \times 0.006\,43e(-0.006\,43t_{preg}) \dfrac{W}{4} e(7.64 - 11.46e - 0.006\,43t_{preg})}{0.133} \tag{2.13}$$

其中 t_{preg} 为妊娠时间，W 为羔羊平均初生重。

$$ME_{lact1} = \frac{0.389SRW^{0.75} BC_{birth} \dfrac{t_{lact} + 2}{22} e^{1 - \frac{t_{lact} + 2}{22}}}{0.94 \left[0.4 + 0.02(-1.7 + 0.17DMD) \right]} \tag{2.14}$$

$$ME_{lact2} = \frac{4.7BW_{young}0.75(0.3 + 0.41e^{-0.071t_{lact}})}{0.94 \left[0.4 + 0.02(-1.7 + 0.17DMD) \right]} \tag{2.15}$$

其中，ME_{lact1} 是母羊泌乳代谢能需求，BC_{birth} 为产羔时的母羊体况评分，t_{lact} 为妊娠时间，SRW 为标准羊单位，BW_{young} 为仔畜体重，ME_{lact2} 是羔羊最大哺乳量时母羊代谢能需求。

模型通过比较代谢能摄入量和需求量，按月估算母羊日增重（BWG），BWG_{adult} 为成年母羊日增重，$BWG_{growing}$ 为羔羊日增重。

$$BWG_{adult} = \frac{0.043(-1.7 + 0.17DMD)ME_{balance}}{0.92^2(13.2 + 13.8BC)} \quad (2.16)$$

其中，$ME_{balance}$ 为草畜平衡时代谢能需求，BC 为母羊体况评分。

$$BWG_{growing} = \frac{0.043(-1.7 + 0.17DMD)ME}{0.92\left[4.7 + \dfrac{MEI}{ME_{base} + ME_{graze} + ME_{cold}} + \dfrac{18.3 + \dfrac{MEI}{ME_{base} + ME_{graze} + ME_{cold}}}{1 + e^{-6 \times (z - 0.4)}}\right]} \quad (2.17)$$

其中，Z 为标准羊单位系数，指不同年龄标准体重与成年羊标准体重的相对值，t_{age} 为羔羊年龄，计算公式：

$$Z = 1 - \frac{(SRW - Wbirth)e^{\frac{0.0157 \times \frac{t_{age}}{30}}{SRW^{0.27}}}}{SRW} \quad (2.18)$$

（2）草畜能量平衡实践。草畜能量平衡实践主要以中国农业科学院草原研究所和内蒙古农业大学在不同地区草原开展实地调查为主，本书根据已发表文献对其进行整理。

①内蒙古乌兰察布市四子王旗草原。以内蒙古四子王旗的典型草原和荒漠草原两种草地类型的家庭牧场为研究对象，结果表明：四子王旗牧草生长周期较短，夏季典型草原牧草生长速率大于荒漠草原，冬季两种类型草地牧草的抗寒能力较差，牧草大部分停止生长，地上部分基本枯死，家畜利用新鲜牧草得到的能量主要集中在夏秋牧草生长季节。中小牧户是草原超载过牧的主体，草地面积越小的牧户，其家畜载畜率越高。草料费支出与家畜载畜率也呈正相关关系，草料费支出越多，载畜率越高。典型草原区和荒漠草原区都呈现出夏季仅有短时间的草地供给能量大于家畜自身能量需求，可以满足家畜良好的生长状态[40]。

②内蒙古通辽市扎鲁特旗草原。以通辽市扎鲁特旗地区半农半牧区家庭牧场为研究对象，结果表明：研究区草地利用严重，家畜能量剩余仅出现在牧草生长最为旺盛的7—8月，12月至翌年1月要进行大量补饲，其他月份都表现出家畜能量有少量缺乏。通过模拟建植不同比例人工草地发现：随着人工草地面积增大，家畜能量总缺乏值开始减小，总家畜能量剩余量和畜群甲烷排放量开始增大[41]。

③内蒙古锡林郭勒盟正蓝旗草原。以内蒙古自治区锡林郭勒盟正蓝旗桑根

达来镇为研究对象，结果表明：当地能量供应存在春季不足，夏秋结余，冬季基本持平的不均衡现象。各个嘎查家畜能量亏缺主要在繁殖哺乳期和冬春季饲草料短缺季节，大型牧户能量亏缺的出现时间较中等牧户和小型牧户推迟1～2个月。中等户和大型户净收益显著高于贫困户，但大型牧户的单位家畜净收益却与贫困牧户无差异。移民村牧户家畜冬春季节能量的需求量高于自然村，且饲养家畜数量显著高于自然村牧户，经济效益优于自然村牧户[42]。

综上所述，在草畜平衡制度下，我国草畜长期失衡的状态开始逐渐缓解，草原生态系统实现良性循环，未来在我国草原将形成草畜自然和谐共生的新格局，对草原的管理属于以草原生态保护建设为前提，政府政策为主导的草畜平衡精细管理方式。

参考文献

［1］王明玖，贾玉山，马春梅．"以草定畜"还是"以畜定草"的讨论［C］//中国草原学会．现代草业科学进展：中国国际草业发展大会暨中国草原学会第六届代表大会论文集．《草业科学》编辑部，2002：467-470.

［2］杨理，侯向阳．以草定畜的若干理论问题研究［J］．中国农学通报，2005（3）：346-349.

［3］李晓敏，冬花，木尼热．对放牧管理及其以草定畜的再思考［J］．草食家畜，2009（1）：8-9.

［4］卫智军．不同放牧强度和放牧方式经济效益的比较分析［J］．内蒙古草业，1992（2）：22-27.

［5］卫智军，韩国栋，邢旗，等．短花针茅草原划区轮牧与自由放牧比较研究［J］．内蒙古农业大学学报：自然科学版，2000（4）：46-49.

［6］刘燕丹，乌日力嘎，李元恒，等．不同放牧制度下典型草原生产效益与生态效应［J］．内蒙古大学学报：自然科学版，2021，52（4）：425-436.

［7］韩国栋，焦树英，毕力格图，等．短花针茅草原不同载畜率对植物多样性和草地生产力的影响［J］．生态学报，2007（1）：182-188.

［8］王悦骅，宋晓辉，王占文，等．植物群落多样性和生产力对不同载畜率的响应［J］．中国草地学报，2018，40（6）：107-112.

［9］王悦骅，王忠武，潘占磊，等．载畜率和模拟降水对荒漠草原植物物种多样性的影响［J］．中国草地学报，2018，40（2）：89-94.

［10］Yan，R R，Wei，Z J，Yang，G X，et al. Influences of family ranches management mode on plant community characteristic in hulunber meadow steppe［J］. Agricultural Science and Technology，2013（11）：1664-1669.

［11］薛睿，郑淑霞，白永飞．不同利用方式和载畜率对内蒙古典型草原群落初级生产力和植物补偿性生长的影响［J］．生物多样性，2010，18（3）：300-311.

［12］段庆伟，李刚，陈宝瑞，等．牧场尺度放牧管理决策支持系统研究进展［J］．北京师

范大学学报：自然科学版，2009，45（2）：205-211.

［13］李治国，韩国栋，赵萌莉，等．家庭牧场模型模拟研究进展［J］．中国生态农业学报，2014，22（12）：1385-1396.

［14］Takahashi T，Jones R E，Kemp D R. Steady-state modelling for better understanding of current livestock production systems and for exploring optimal short-term strategies ［C］//Kemp D R，Michalk D L. Development of sustainable livestock systems on grasslands in northwestern China，ACIAR Proceedings No.134. Canberra：Australian Centre for International Agricultural Research，2011：26-35.

［15］李娜．内蒙古荒漠草原家庭牧场优化经营管理模型研究［D］．呼和浩特：内蒙古农业大学，2009.

［16］郑阳，徐柱，Takahashi T，等．内蒙古典型草原优化放牧管理模拟研究：以内蒙古太仆寺旗为例［J］．生态学报，2010，30（14）：3933-3940.

［17］杨博，吴建平，杨联，等．牧区绵羊精准管理技术体系建立与草畜平衡研究［J］．草地学报，2012，20（3）：589-596.

［18］Jones R，Kemp D，Takahashi T，et al. Dynamic modelling of sustainable livestock production systems ［C］.//Kemp D R，Michalk D L. Development of Sustainable Livestock Systems on Grasslands in Northwestern China，ACIAR Proceedings No.134. Canberra：Australian Centre for International Agricultural Research，2011：36-45.

［19］杨博，吴建平，杨联，等．中国北方草原草畜代谢能平衡分析与对策研究［J］．草业学报，2012，21（2）：187-195.

［20］谢静，李治国，敖特根，等．草畜能量平衡模型在典型草原家庭牧场中的应用［J］．畜牧与饲料科学，2013，34（4）：13-16，60.

［21］张睿洋，韩国栋，李治国，等．绵羊载畜率对内蒙古草甸草原家庭牧场草畜平衡和经济效益的影响：以鄂温克旗巴彦胡硕嘎查为例［J］．中国草地学报，2015，37（6）：6-13.

［22］李治国，马乐，韩国栋，等．基于OMMLP模型的锡林郭勒盟不同草地类型家庭牧场草畜平衡优化模拟研究［J］．中国草地学报，2021，43（8）：66-73.

［23］Donnelly J R，Moore A D，Freer M. GRAZPLAN：Decision support systems for Australian grazing enterprises—I. Overview of the GRAZPLAN project，and a description of the MetAccess and LambAlive DSS ［J］. Agricultural Systems，1997，54（1）：57-76.

［24］Clark S G，Donnelly J R，Moore A D. The GrassGro decision support tool：its effectiveness in simulating pasture and animal production and value in determining research priorities ［J］. Australian Journal of Experimental Agriculture，2000，40（2）：247-256.

［25］Freer M，Moore A D，Donnelly J R，et al. GRAZPLAN：Decision support systems for Australian grazing enterprises—II. The animal biology model for feed intake，production and reproduction and the GrazFeed DSS ［J］. Agricultural Systems，1997，54（1）：77-126.

［26］段庆伟．家庭牧场草地模拟与生产管理决策研究［D］．北京：中国农业科学

院，2005.

[27] 蒙旭辉. GrassGro 模型参数校正及其在草甸草原的应用 [D]. 兰州：兰州大学，2009.

[28] 丁路明，胡长胜，姜翠霞，等. 基于以色列 Noy-Meir 放牧系统动态模型提升青藏高原草地放牧管理决策 [J]. 科学通报，2020，65（34）：3867-3872.

[29] Noy-Meir I. Stability of grazing systems：An application of predator-prey graphs [J]. Journal of Ecology，1975，63（2）：459-481.

[30] Ding L M，Long R J，Yang Y H，et al. Behaviour responses by yaks，in different physiological states（lactating，dry or replacement heifer），when grazing natural pasture in spring（dry and germinating）season of Qinghai-Tibetan plateau [J]. Applied Animal Behaviour Science，108：139-250.

[31] Teague W R，Foy J K. Validation of SPUR2. 4 rangeland simulation model using a cow-calf field experiment [J]. Agricultural Systems，2002，74（2）：287-302.

[32] Mohtar R H，Zhai T，Chen X. A world wide web-based grazing simulation model（GRASIM）[J]. Computers and Electronics in Agriculture，2000，29（3）：243-250.

[33] Mohtar R H，Jabro J D，Buckmaster D R. A grazing simulation model：grasim b：field testing [J]. Transactions of the Asae，1997，40（5）：1495-1500.

[34] 管彦波. 民族大迁徙的地理环境因素研究：以中国古代民族迁徙为考察的重点 [J]. 西北民族大学学报：哲学社会科学版，2010（3）：122-125.

[35] 韩茂莉. 历史时期草原民族游牧方式初探 [J]. 中国经济史研究，2003（4）：93-104.

[36] 舒展，李跃增，卢旺银，等. 甘肃省马驽巴贝斯虫病综合防治研究 [J]. 中国兽医寄生虫病，2001（2）：50-53.

[37] 程龙. 兀良哈三卫南迁气候寒冷说质疑 [J]. 中国史研究，2001（1）：124-133.

[38] 达林太，郑易生. 真过牧与假过牧：内蒙古草地过牧问题分析 [J]. 中国农村经济，2012（5）：4-18.

[39] 李治国. 内蒙古家庭牧场资源优化配置与适应性管理模拟研究：以内蒙古四子王旗为例 [D]. 呼和浩特：内蒙古农业大学，2015.

[40] 哈洁. 不同载畜率家庭牧场可持续性模拟研究：以正蓝旗为例 [D]. 呼和浩特：内蒙古农业大学，2021.

[41] 马乐. 半农半牧区家庭牧场草畜配置研究 [D]. 呼和浩特：内蒙古农业大学，2019.

[42] 李治国，屈志强，王静，等. 基于 OMMLP 模型的浑善达克沙地家庭牧场草畜平衡模拟研究：以桑根达来镇为例 [J]. 内蒙古农业大学学报（自然科学版），2021，42（6）：38-43.

第三章

草畜平衡实现路径变化案例分析

随着牧区城镇化进程的加快以及生态保护政策的持续推进，加之草原生态环境恶化、气候暖干化、自然灾害频发等，牧区面临极大的压力和挑战，牧区经济可持续发展受到威胁。牧民作为牧区经济最基础的决策单元，对环境变化的适应行为影响牧区经济的稳定性。农牧民的适应性行为是外在环境和内在自身综合因素影响下做出的决策，所受到的外在环境是指气候、生态、社会、经济、政策等复杂的多重影响，不同区域、不同时期的农牧民适应性行为变化具有较大差异，其关键影响因素和影响路径也不同。同时，在错综复杂的国内外发展环境下，我国农牧民的生产面临更复杂的机遇和挑战，有效应对和化解各类风险、提高农牧民的适应能力和生产水平迫在眉睫。因此研究牧民适应性对我国草原牧区推进乡村振兴具有重要意义，是加速我国草原畜牧业高质量发展进程的现实需求。

保持合理载畜率对维持内蒙古草原草地生态系统平衡具有重要意义，草畜平衡精确评价到户可为草地放牧管理提供理论依据。随着天然草地牧草产草量与家畜所需饲草量的矛盾加剧，出现了"超载过牧-草地退化-草畜供需矛盾加剧-草原生态环境恶化"的恶性循环。草畜平衡政策通过实施以草定畜、保持理想合理的家畜载畜量的方法来达到草原牧区草地产草量供给与家畜饲草需求间供需平衡的目的。牧户是草地利用最基本的生产单元和草畜平衡的执行者，草畜平衡与否取决于牧户的生产规模和草场产草量的匹配程度。

本章以内蒙古牧区为研究区，以牧民为研究对象，基于 2010—2020 年内蒙古不同草原类型区（草甸草原、典型草原、荒漠草原、沙地草原、草原化荒漠）牧户调查问卷数据，通过分析各草原类型区牧民畜牧业生产中的草畜平衡行为，研究过去十年草畜平衡关系及实现路径的变化，并根据不同区域牧户对调节牲畜、草场流转、购买饲草料等生产经营方式选择的差异，揭示草畜平衡变化及实现路径的时空演变特征，最终对各区域进行适应性评价，为规范细化草畜平衡制度，因地制宜地实施动态化管理提供实证经验，同时也为加强中国草畜平衡管理理论、方法和实践提供依据，推动草原牧区高质量发展。

一、草甸草原草畜平衡路径变化

（一）案例区域及样本情况

1. 陈巴尔虎旗

（1）自然地理概况。陈巴尔虎旗位于内蒙古自治区东北部（118°22′～121°02′E，48°48～′50°12′N），东部和东北部分别与牙克石市、额尔古纳市接壤，东南与海拉尔区毗邻，南边接着鄂温克族自治旗，西与新巴尔虎左旗交接，西北与俄罗斯隔额尔古纳河相望，中俄边境线总长193.9千米（全属水界）。全旗东西宽约122千米，南北长约125千米，总面积21 192平方千米。全旗地处大兴安岭西部，末端向呼伦贝尔高平原过渡地带，东半部为大兴安岭中低山丘陵，西半部为波状起伏的高平原，地势由东北向西南逐渐降低，境内平均海拔为650米。全旗气候属中温带半湿润和半干旱大陆性气候，降水少，冬季气温低，年较差大。年平均气温为−5～−1.5℃，≥0℃积温东部2 200℃左右，中西部2 300～2 500℃；无霜期100～114天，积雪期长达210天。年平均降水量308毫米；年平均蒸发量为1 371.1毫米。境内河流均属于额尔古纳河水系，较大的河流有额尔古纳河及其上游海拉尔河，干支流总长960千米，平均径流总量52.84亿立方米，水域面积为5 873.47公顷。全旗草场面积占土地面积的80.1%，优等草场占草场总面积的33.3%，良等草场占26.5%，产草量亩产在300千克以上。主要为天然草场地跨林缘草甸草场和干草原草场两个草场自然带。2021年，全旗全年可食饲草储量为153.22万吨，暖季载畜能力为6.60亩/羊单位，冷季载畜能力为11.74亩/羊单位。

（2）社会经济概况。陈巴尔虎旗辖3个镇、4个苏木、3个国营农场：巴彦库仁镇、宝日希勒镇、呼和诺尔镇，西乌珠尔苏木、东乌珠尔苏木、巴彦哈达苏木、鄂温克民族苏木，哈达图牧场、特泥河农牧场、浩特陶海牧场。有蒙古族、汉族、鄂温克族、达斡尔族等14个民族；根据第七次人口普查数据，全旗总人口50 556人，其中城镇人口37 231人，城镇化率为73.64%。2021年，地区生产总值完成111.4亿元，三次产业比值为15.5∶70.5∶14.0。一般公共预算收入完成6.47亿元，限额以上固定资产投资完成10.9亿元，社会消费品销售总额增长4.1%。城镇居民收入为37 140元，农村牧区居民收入为27 849元。农作物播种面积124.9万亩，接羔57.3万头（只、匹），牧业年度牲畜头数147万头（只、匹），奶产量8.1万吨、肉产量1.7万吨。2018年年末牲畜头数达到954 758头（只、口），能繁殖母畜头数达691 331头（只、口），其中大畜能繁殖母畜93 093头（匹、峰），畜能繁殖母畜597 591只。

2. 新巴尔虎左旗

（1）自然地理概况。 新巴尔虎左旗（117°33′～120°12′E，47°10′～49°47′N）位于呼伦贝尔草原西南腹地，大兴安岭北麓；西南与蒙古国接壤，东北与俄罗斯隔额尔古纳河相望，南接兴安盟阿尔山市，西隔乌尔逊河、呼伦湖与新巴尔虎右旗、满洲里市相邻，东与陈巴尔虎旗、鄂温克族自治旗相连。边境线总长 305 千米，土地面积 2.2 万平方千米。境内东南部为山地丘陵，中部为高平原，北部海拉尔河一带为低山丘陵，南部为大兴安岭北麓山林区，多山，海拔 560～1 573 米。新巴尔虎左旗境内属中温带大陆性季风气候，冬季漫长严寒，积雪期约为 140 天。春季干旱，多大风，最大风力 7～8 级。夏季温和多雨，秋季气温急降，无霜期短。年平均气温 0.2℃，年降水量 280 毫米左右。流经新巴尔虎左旗境内的河流主要有额尔古纳河、乌尔逊河、海拉尔河、辉河、哈拉哈河等。全旗天然草场面积 1 755 800 公顷，占全旗土地面积的 81.1%，占整个呼伦贝尔草原总面积的 21%，以草甸草原为主。2021 年，全旗全年可食饲草储量为 132.99 万吨，可利用草场平均亩产量为 80 千克，暖季载畜能力为 9.06 亩/羊单位，冷季载畜能力为 16.27 亩/羊单位。

（2）社会经济概况。 新巴尔虎左旗下辖 2 个镇、5 个苏木，分别为阿木古郎镇、嵯岗镇、新宝力格苏木、吉布胡郎图苏木、乌布尔宝力格苏木、甘珠尔苏木、罕达盖苏木。根据第七次人口普查数据，全旗总人口 37 007 人，其中城镇人口 20 713 人，城镇化率为 55.97%。2021 年地区生产总值 27.01 亿元，其中：第一产业增加值 121 906 万元，第二产业增加值 40 744 万元，第三产业增加值 107 465 万元。一般公共预算收入实现 12 084 万元，一般公共预算支出 107 470 万元。2019 年全旗牧业年度牲畜总头数为 1 145 699 头（只），其中：大畜 280 671 头，小畜 865 001 只。全年牲畜出栏中，牛出栏 75 232 头，羊出栏 443 870 只。

3. 样本情况

草甸草原两个旗县共 341 份调查问卷（表 3-1），2010、2015、2020 年分别为 126、127 和 88 份，其中陈巴尔虎旗三期分别为 66、62、38 份，新巴尔虎左旗分别为 60、65、50 份；2010 年与 2015 年的调研区域均来自相同的嘎查，有 93 份为同一家庭牧户追踪数据，其中陈巴尔虎旗为 47 份，新巴尔虎左旗为 46 份。新巴尔虎左旗 2020 年的调研区域与前两期相同，三期数据共有 39 户为相同牧户的追踪数据。

表 3-1　2010、2015、2020 年陈巴尔虎旗、新巴尔虎左旗样本数据

旗县	2010 年	2015 年	2020 年	合计
陈巴尔虎旗	66	62	38	166

（续）

旗县	2010 年	2015 年	2020 年	合计
新巴尔虎左旗	60	65	50	175
合计	126	127	88	341

（二）经营草地

1. 经营草地面积

陈巴尔虎旗经营草地的面积呈逐年增加的趋势。从图 3-1a 可以看出，三个时期户均经营草地面积的平均值分别为 5 093 亩、6 046 亩、7 004 亩，共增加了 37.52%。中位数值从 2010 年的 4 000 亩增加到 2020 年的 6 250 亩，共增加了 56.25%。调查样本中牧户经营草地面积的分布呈先分散后集聚的趋势，2010 年和 2020 较为集中，2015 年较为分散。10 年间小规模经营草地面积的牧户数量逐渐减少，2010 年和 2015 年经营草场面积小于 1 000 亩的分别有 12 户和 8 户，而 2020 调研中的牧户草场面积均大于 1 000 亩，最小规模牧户的草场面积为 2 000 亩。除了调研取样的原因外，也说明规模较小的牧户正在逐渐退出畜牧业生产。2010 年和 2015 年部分牧户经营草场面积非常大，2010 年有两户经营草场面积大于 25 000 亩，这两户承包草场的面积分别为 19 000 亩和 25 000 亩；2015 年有一户牧户经营草场的面积为 45 800 亩，是在 2010 年承包草场面积为 25 000 亩的基础上，在 2015 年时又增租了 20 800 亩草场，扩大了生产规模。

新巴尔虎左旗经营草地的面积呈先增后降的趋势，变化幅度较小。从图 3-1b 可以看出，三期户均经营草地面积的平均值分别为 7 980 亩、8 565 亩、8 104 亩，10 年间共增加 124 亩；三期中位数值分别为 6 800 亩、7 400 亩、6 800 亩，涨幅变化并不明显。调查样本中牧户经营草地面积的分布呈逐渐分散的趋势，数据箱体的长度逐渐变长，中位数与均值的差距逐渐变大。三期经营草地面积大于 8 000 亩的牧户数量占比分别为 35.00%、49.21%、43.75%，面积小于 4 000 亩的牧户数量占比分别为 16.67%、12.70%、27.08%，均呈波动上升的趋势。可以看出，2020 年整体分散程度较大的原因除了经营草地面积较大的牧户数量较多外，经营草地面积较小的牧户数量也明显高于 2010 年和 2015 年。2010 年的调研牧户中，经营草地面积小于 1 000 亩的有 5 户，其中 3 户面积为 0；而 2015 年和 2020 年的经营草地面积除了有两户一直为 0 外，最小的分别为 1 900 亩和 1 500 亩，还发现 2010 年草场面积不为 0 且规模最小的两户在 2015 年和 2020 年均选择了租赁草场扩大经营面积，说明小规模的牧户为寻求更大的经济收益正在扩大生产规模。

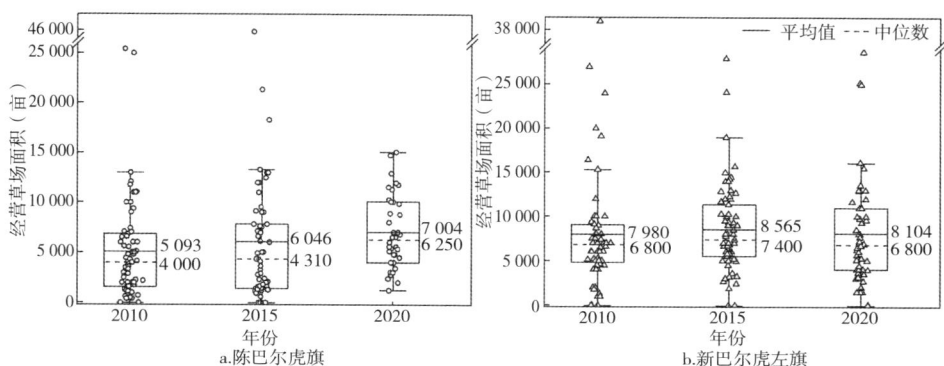

图 3 - 1　2010、2015、2020 年陈巴尔虎旗、新巴尔虎左旗经营草地面积

2. 承包草场面积

陈巴尔虎旗承包草场面积呈逐渐增加的趋势，与经营草场面积的变化趋势一致。从图 3 - 2a 可以看出，三个时期户均承包草地面积的平均值分别为 4 855 亩、5 277 亩、6 203 亩，共增加了 27.77%；承包草场面积中位数值也从 2010 年的 4 062 亩增加到 2020 年的 5 372 亩，共增加了 32.25%。承包草场面积占经营面积的比例呈波动下降的趋势，三个时期的比例分别为 96.35%、87.28%、88.57%，10 年间共降低了 7.78 个百分点。承包草场面积与经营草场面积相等（没有进行草场流转）的牧户数量呈先降后升的趋势，2010 年 66 位调研牧户中有 51 位，占到 84.85%；2015 年占比为 70.97%；2020 年占比为 84.21%。

新巴尔虎左旗承包草场面积呈减少的趋势，2010—2015 年变化较小，2015—2020 年呈明显减少趋势，与经营草场面积的变化有差异。从图 3 - 2b 可以看出，三个时期户均承包草地面积的平均值分别为 6 380 亩、6 331 亩、

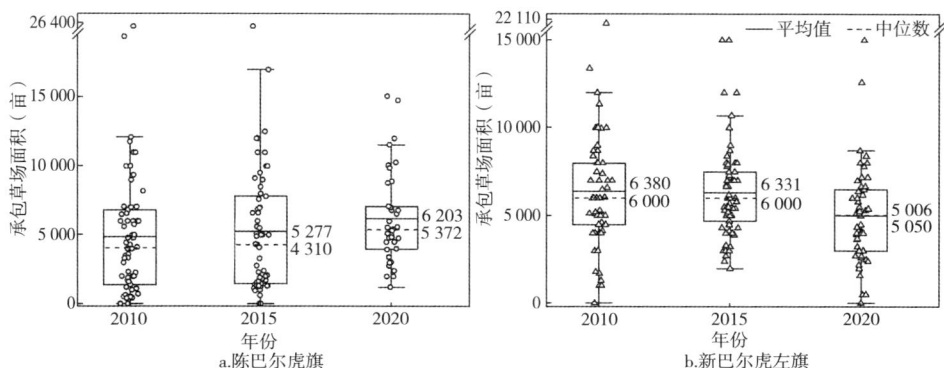

图 3 - 2　2010、2015、2020 年陈巴尔虎旗、新巴尔虎左旗承包草场面积

5 006 亩，共减少了 21.54%；承包草场面积中位数值从 2010 年的 6 000 亩减少到 2020 年的 5 050 亩，共减少了 15.83%。承包草场面积与经营草场面积相等（没有进行草场流转）牧户的占比呈先降后升的趋势，2010 年占比为 58.33%，2015 年占比为 47.69%，2020 年占比为 52.00%。2015—2020 年变化较大的主要原因是家庭两代人的分家导致承包草场面积减少。

3. 流转草场面积

陈巴尔虎旗的草场流转呈净流入状态，租入草场呈倒 U 型的减少趋势。从表 3-2 中可以看出，三个时期租入草场总面积分别为 35 140 亩、71 100 亩、30 430 亩，分别占到同时期经营草地面积的 10.57%、18.97%、11.43%；租入草场牧户的平均租入面积分别为 3 904 亩、5 079 亩、5 072 亩；租入草场户数分别为 9 户、14 户、6 户，分别占到同时期调研牧户数量的 13.64%、22.58%、15.79%。三个时期租出草场总面积分别为 23 000 亩、23 500 亩、1 000 亩，分别占到同时期经营草地面积的 6.92%、6.27%、0.38%；租出草场牧户的平均租出面积分别为 3 833 亩、5 875 亩、1 000 亩；租出草场户数分别为 6 户、4 户、1 户，分别占到同时期调研牧户数量的 9.09%、9.68%、2.63%。

新巴尔虎左旗的草场流转变化趋势与陈巴尔虎旗相似，但进行草场流转的牧户比例更高，流转面积更大。三个时期租入草场总面积分别为 115 500 亩、143 850 亩、123 000 亩，分别占到同时期经营草地面积的 24.12%、25.84%、30.36%；租入草场牧户的平均租入面积分别为 5 775 亩、4 795 亩、5 591 亩；租入草场户数分别为 20 户、30 户、22 户，分别占到同时期调研牧户数量的 33.33%、46.15%、44.00%。三个时期租出草场总面积分别为 19 400 亩、13 800 亩、7 200 亩，分别占到同时期经营草地面积的 4.05%、2.48%、1.78%；租出草场牧户的平均租出面积分别为 3 880 亩、3 450 亩、3 600 亩；租出草场户数分别为 5 户、4 户、2 户，分别占到同时期调研牧户数量的 8.33%、6.15%、4.00%。

表 3-2 2010、2015、2020 年陈巴尔虎旗、新巴尔虎左旗承包草场面积

旗县	年份	租入草场面积（亩）		租入草场户数		租出草场面积（亩）		租出草场户数	
		总面积	户均面积	户数	比例（%）	总面积	户均面积	户数	比例（%）
陈巴尔虎旗	2010	35 140	3 904	9	13.64	23 000	3 833	6	9.09
	2015	71 100	5 079	14	22.58	23 500	5 875	4	9.68
	2020	30 430	5 072	6	15.79	1 000	1 000	1	2.63
新巴尔虎左旗	2010	115 500	5 775	20	33.33	19 400	3 880	5	8.33
	2015	143 850	4 795	30	46.15	13 800	3 450	4	6.15
	2020	123 000	5 591	22	44.00	7 200	3 600	2	4.00

4. 草地资源配置

2010—2020 年陈巴尔虎旗和新巴尔虎左旗调研牧户的经营草地面积中，新巴尔虎左旗的户均经营草地面积要高于陈巴尔虎旗，但差距呈逐渐缩小的趋势。如 2010 年两个旗调研牧户的经营草地面积分别为 5 093 亩和 7 980 亩，相差 2 887 亩；到 2015 年和 2020 年分别相差 2 519 亩和 1 100 亩。主要原因是两个旗承包草场面积有差异，如 2010 年和 2015 年分别相差 1 525 亩和 1 054 亩；此外，租入草场面积的不同也是导致差异的主要原因，三个时期新巴尔虎左旗租入草场总面积分别是陈巴尔虎旗的 3.29 倍、2.02 倍和 4.04 倍。

经营草地的配置情况中，两个旗的承包草场面积一直占主导地位，三期中陈巴尔虎旗承包草场面积占草地经营面积的比例分别为 95.33%、87.28%、88.56%，新巴尔虎左旗承包草场面积占草地经营面积的比例分别为 79.93%、73.92%、61.77%，占比是比较高的。草场流转呈净流入的趋势，10 年间陈巴尔虎旗和新巴尔虎左旗草场流转与经营草地面积的占比分别为 14.04% 和 22.59%，在 2015 年时两个旗草场流转面积和户数达到 10 年间的最高值，2010 年和 2020 年的情况相似。除了租入草场外，陈巴尔虎旗和新巴尔虎左旗很多嘎查还会在嘎查的夏营地或亲戚家的草场进行走场。说明在草甸草原区域，草场面积越大的区域越倾向于流转草场，其承包草场的占比也会越低。

（三）牲畜变化

1. 牲畜数量

陈巴尔虎旗的牲畜数量呈先升后降的变化趋势。从图 3-3a 可以看出，三个时期户均牲畜总数量的平均值分别为 688、810、698 个羊单位，2015 年因有位牧户的牲畜总数量为 7 443 个羊单位，导致平均数量大幅增加，如果剔除 2015 年这位大户，2015 年牧户牲畜总数量的均值为 635 个羊单位，整体上 2010—2020 年陈巴尔虎旗的牲畜数量平均值是比较稳定的。牧户牲畜总数量的中位数从 2010 年的 358 个羊单位到 2020 年的 530 个羊单位，增加了 48.04%。牧户牲畜数量的分布呈逐渐集聚的趋势，2010 年牧户牲畜数量较为分散，小于 688 个羊单位的占到 62.12%，其中小于 100 个羊单位的占到 18.18%；大于 1 000 个羊单位的占到 28.79%。2015 年和 2020 年的牧户牲畜数量分布明显更加集中。

新巴尔虎左旗的牲畜数量呈持续下降的变化趋势。从图 3-3b 可以看出，三个时期户均牲畜总数量的平均值分别为 971、840、629 个羊单位，共减少了 35.22%；中位数分别为 773、715、487 个羊单位，共减少了 37.00%；可以看出养畜规模整体减小，其中 2015—2020 年减少幅度更为明显。从分散程度可以看出，2010—2020 年牧户牲畜数量呈逐渐集中分布的趋势，个别大户数量和规模减小，都逐渐向中等规模靠拢，如牲畜数量大于 1 500 个羊单位的牧户占比从 2010 年的 20％减少到 2020 年的 8％。可能的原因是新巴尔虎左旗在 2010—2020 年的 10 年间经历了两次连续 3 年以上的干旱，一次连续 3 年的牲畜价格下跌，很多牧户只能通过减少牲畜数量来降低生产成本。

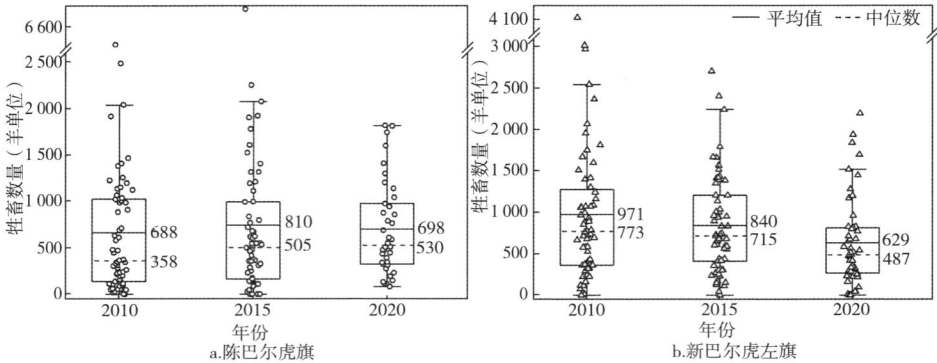

图 3-3　2010、2015、2020 年陈巴尔虎旗、新巴尔虎左旗牲畜数量

2. 牲畜结构

陈巴尔虎旗的绵羊占比呈缓慢下降趋势，肉牛占比呈明显上升趋势。从图 3-4a 可以看出，2010 年和 2015 年的畜种结构较为相似，2020 年的变化差异较大。10 年间绵羊占比虽略有降低，但一直占据主体地位，三期的绵羊占比分别为 64.60％、62.20％、62.10％，仅降低了 2.5 个百分点。2020 年肉牛的占比明显上升，从 2010 年的 9.82％和 2015 年的 7.38％上升到 2020 年的 27.03％，比 2010 年和 2015 年分别上升了 17.21 和 19.65 个百分点。2020 年肉牛占比上升导致其他畜种占比下降，下降最明显的是马和奶牛，马从 2015 年的 15.13％下降到 2020 年的 3.47％，下降了 11.66 个百分点；奶牛从 2015 年的 13.76％下降到 2020 年的 6.66％，下降了 7.10 个百分点。山羊呈明显的下降趋势，2010—2020 年从 2.89％下降到 0.74％，下降了 2.15 个百分点。骆驼占比一直非常低，仅在 2015 年有一户养了 4 头。

新巴尔虎左旗的绵羊占比呈快速下降趋势，大牲畜占比呈上升趋势。从图 3-4b 可以看出，绵羊虽然一直处于主体地位，但 2010—2020 年呈现出快速的下降趋势，三期占比分别为 61.62％、54.58％、47.17％，共下降了 14.45 个百分点。肉牛占比一直位列第二，分别占到 18.58％、29.60％、11.58％。马的比例也呈明显的上升趋势，三期占比分别为 7.24％、12.06％、14.44％，从 2010 年到 2020 年共上升了 7.20 个百分点。此外，骆驼的占比也呈增加的趋势，从 2010 年的 0.12％增加到 2020 奶牛的 0.86％。整体而言，大畜的结构占比一直呈上升的趋势，三期大畜的占比分别为 31.12％、42.06％、

47.77％，10 年间增加了 16.65 个百分点，涨幅非常明显。

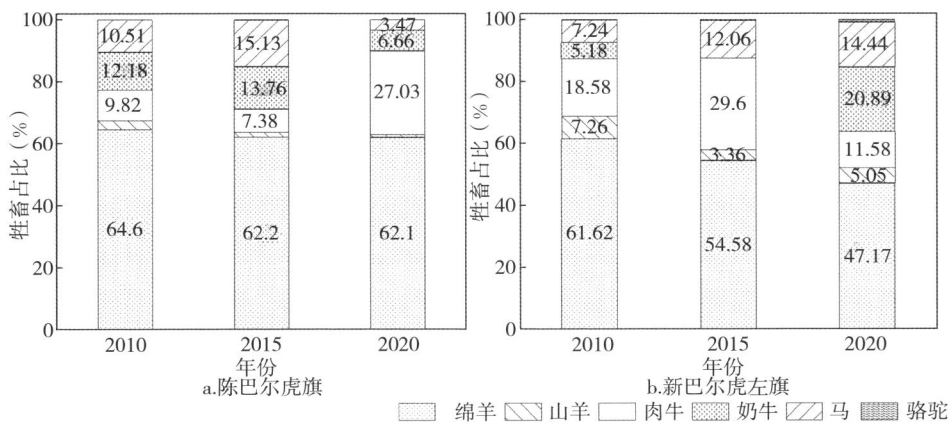

图 3-4　2010、2015、2020 年陈巴尔虎旗、新巴尔虎左旗牲畜结构

（四）饲草料

陈巴尔虎旗牧户购买饲草料的数量呈先增后降的趋势。从图 3-5a 可以看出，三个时期购买饲草料①的数量分别为 41、104、64 千克/羊单位，2010—2020 年共增加了 56.10％；中位数分别为 0、0、37 千克/羊单位，三个时期购买饲草料的牧户比例分别为 45.45％、60.66％、92.11％，购买饲草料大于 10 千克/羊单位的牧户比例分别为 25.76％、34.43％、84.21％，说明牧户购买比例呈稳定上升的趋势。但 2015 年购买饲草料大于 300 千克/羊单位的牧户占到了 19.67％，远高于 2010 年的 3.03％和 2020 年的 5.26％。

新巴尔虎左旗牧户购买饲草料的数量呈明显增加的趋势。从图 3-5b 可以看出，三个时期购买饲草料的数量分别为 20、25、79 千克/羊单位，2010—2020 年共增加了 2.95 倍，其中 2015—2020 年的涨幅更为明显；中位数分别为 0、0、36 千克/羊单位。三个时期购买饲草料牧户的占比分别为 40.00％、50.00％、70.00％，购买的数量和户数都呈稳定上升的趋势。从购买饲草料的数据分布上可以看出，2010—2015 年呈逐渐分散的趋势，而且大于均值的数值越来越多。一是说明牧户舍饲的时间越来越长，二是说明牧户已形成了通过贮备饲草料防御各类灾害的习惯。

---

①　购买饲草料主要指折合成干草的数量，包括干草、青贮玉米、秸秆。购买饲草料（千克/羊单位）＝（干草＋青贮玉米/2＋秸秆/1.2）（千克）/牲畜数量（羊单位）。

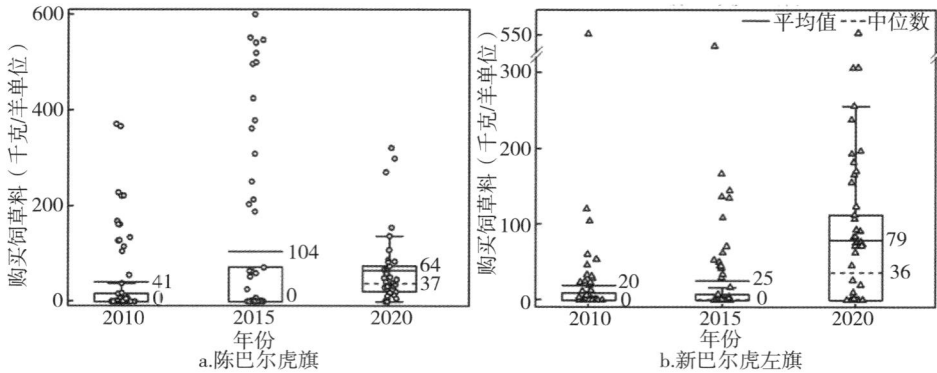

图 3-5　2010、2015、2020 年陈巴尔虎旗、新巴尔虎左旗饲草料购买量

（五）草畜平衡

陈巴尔虎旗的草畜关系整体呈不超载的状态。从图 3-6a 可以看出，载畜压力指数呈波动下降的趋势，三期均值分别为 0.90、0.71、0.88，10 年间共降低了 2.22%，其中 2015 年的载畜压力最小。中位数呈持续降低的趋势，三期中位数分别为 0.80、0.63、0.61，共降低了 23.75%，中位数的降低也说明牧户畜牧业生产中的草畜关系朝着更不超载的方向发展。三个时期牧户牲畜超载率的数值分布呈逐渐分散的变化趋势，2020 年两极分化的趋势更为明显，其中有位牧户载畜压力指数高达 3.82。从表 3-3 载畜压力指数的数据分布中可以看出，三期处于不超载（载畜压力指数小于 0.8）的牧户数量占比分别为 50.00%、63.79%、63.16%，处于平衡（载畜压力指数介于 0.8~1.2 之间）的牧户数量占比分别为 20.31%、24.14%、13.16%，处于超载（载畜压力指数大于 0.8）的牧户数量占比分别为 29.69%、12.07%、23.68%；三组数据说明牧户的超载数量呈先降后升的趋势，2015 年草畜压力最小，虽然 2015 年的牲畜数量是三个时期最多的，但饲草量的大量购买使得草畜压力得到极大缓解；而 2020 年时两极分化的情况比较严重。无论从均值、中位数或数据分布看，陈巴尔虎旗牧户草畜关系呈先降后升的状态。10 年间草畜平衡状况整体向好，主要原因在于草地经营面积和购买饲草料数量的增加，同时牧户的牲畜数量也逐渐下降，最终使得草场压力降低，草畜关系达到平衡。

新巴尔虎左旗的草畜关系朝平衡的方向发展。从图 3-6b 可以看出，载畜压力指数呈明显先降后升的趋势，三期均值分别为 1.24、0.61、1.06，10 年间共下降了 14.52%，2015 年载畜压力最小。中位数呈波动降低的趋势，三期中位数分别为 1.02、0.57、0.66，共下降了 35.29％。从三个时期牧户牲畜超载率的数据分布情况可以看出，数值分布变化呈先集中后分散的趋势；从表 3-3 载畜压力指数的数据分布中可以看出，三期处于不超载（载畜压力指数小于 0.8）的牧户数量占比分别为 37.29％、76.56％、64.58％，处于平衡（载畜压力指数介于 0.8～1.2 之间）的牧户数量占比分别为 22.03％、18.75％、6.25％，处于超载（载畜压力指数大于 0.8）的牧户数量占比分别为 40.68％、4.69％、29.17％；三组数据说明牧户的超载数量呈先降后升的趋势。2015 年草畜压力最小，仅有 3 位牧户呈超载状态，载畜压力指数分别为 1.70、1.71、1.75，超载情况不算严重。2015 年与 2010 年经营草地面积和购买饲草料的数量比较接近，但在牲畜数量上，2015 年比 2010 年少 13.49％，所以 2015 年的草畜压力更小。2020 年两极分化的趋势更为明显，有三位牧户的载畜压力指数均大于 4，如果不计入这三位牧户，2020 年的载畜压力指数为 0.85。无论从均值、中位数或数据分布看，新巴尔虎左旗的草畜关系正在朝着压力更小的方向发展。2020 年相比 2010 年放牧强度更小，主要是由于牲畜数量的减少和购买饲草料数量的增加引起的。

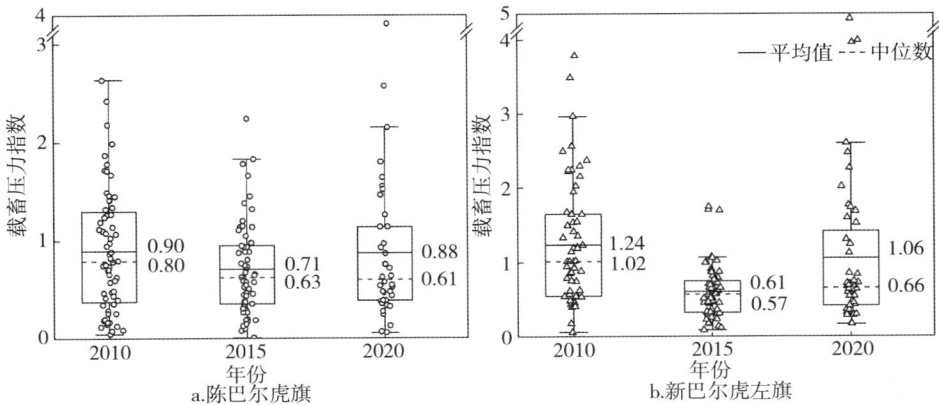

图 3-6 2010、2015、2020 年陈巴尔虎旗、新巴尔虎左旗载畜压力指数

表 3-3 2010、2015、2020 年陈巴尔虎旗、新巴尔虎左旗载畜压力指数分布

载畜压力指数		陈巴尔虎旗			新巴尔虎左旗		
		2010 年	2015 年	2020 年	2010 年	2015 年	2020 年
不超载	<0.8	50.00	63.79	63.16	37.29	76.56	64.58
平衡	0.8～1.2	20.31	24.14	13.16	22.03	18.75	6.25
超载	>1.2	29.69	12.07	23.68	40.68	4.69	29.17

二、典型草原草畜平衡路径变化

（一）案例区域及样本情况

1. 锡林浩特市

（1）自然地理概况。锡林浩特市位于 $43°02' \sim 44°52'$N，$115°18' \sim 117°06'$E，处于内蒙古高原中部、首都北京正北方，是锡林郭勒盟政治、经济、文化、教育和交通中心。总面积 14 785 平方千米，地势南高北低，南部为低山丘陵，北部为平缓的波状平原，平均海拔高度为 988.5 米。地处中纬度西风气流带内，属中温带半干旱大陆性气候，冬季严寒漫长，夏季温凉短促，春季风多而干燥；年平均温度 $0 \sim 3℃$，降水量 309 毫米，无霜期 144 天。锡林郭勒河纵贯中部，较大的湖泊有查干淖尔、巴彦呼热淖尔、巴彦淖尔。锡林浩特市地处锡林郭勒大草原腹地，全市有可利用草场面积 2 068 万亩，动植物资源多样，草原类型齐全，地跨草甸草原、典型草原和沙丘沙地草原，具备得天独厚的畜牧业生产和发展条件。生物多样性保持完整，野生种子植物 1 248 种，常见植物 671 种。全市全年可食饲草储量为 75.13 万吨，暖季载畜能力为 13.74 亩/羊单位，冷季载畜能力为 24.06 亩/羊单位（2021 年）。

（2）社会经济概况。锡林浩特市地处东北、华北、西北交汇处，距北京、呼和浩特、沈阳直线距离分别为 460 千米、470 千米、620 千米；与二连浩特和东乌旗珠恩嘎达布其口岸距离分别为 340 千米、338 千米。辖 3 个苏木：朝克乌拉苏木、宝力根苏木、巴彦宝拉格苏木；1 个镇：阿尔善宝拉格镇；7 个街道：希日塔拉街道、宝力根街道、杭盖街道、楚古兰街道、额尔敦街道、南郊街道、巴彦查干街道；6 个国有农牧场：白音锡勒牧场、白银库伦牧场、毛登牧场、贝力克牧场、沃原奶牛场、蔬菜农场。根据第七次人口普查数据，全市总人口 35 万人，其中城镇人口 214 382 人，农村牧区人口 5 295 人，是一个居住着汉族、蒙古族、回族、藏族等多个民族的边疆少数民族地区。2021 年，地区生产总值 295.3 亿元，总量占全盟的比重始终保持在 30% 左右。一般公共预算收入从 2017 年的 19.6 亿元增加至 2021 年的 25.8 亿元。三次产业结构占比为 7.8：44.8：47.4。城乡常住居民人均可支配收入分别达到 47 621 元和 32 046 元。2020 年一季度牧业总产值 0.78 亿元，畜牧业产值完成 0.74 亿元。是国家重要的绿色畜产品生产加工输出基地，牲畜存栏数量中，生猪存栏 0.9 万头，牛存栏 7.7 万头，羊存栏 109.5 万只。牲畜出栏量数量中，生猪出栏 0.3 万头，牛出栏 168 头，羊出栏 0.9 万只。农副产品产量中，猪肉产量 240 吨，牛肉产量 27 吨，羊肉产量 157 吨，生牛奶产量 2 万吨。

2. 东乌珠穆沁旗

（1）自然地理概况。 东乌珠穆沁旗（115°10′～120°07′E，44°41′～46°10′N）位于内蒙古自治区锡林郭勒盟东北部，东接科尔沁市的霍林郭勒市、扎鲁特旗和兴安盟科尔沁右翼中旗和科尔沁右翼前旗，南靠西乌珠穆沁旗，西连锡林浩特市、阿巴嘎旗，北邻蒙古国，国境线长528.88千米，总面积4.73万平方千米。北部是低山丘陵，南部是盆地，地势北高南低，由东向西倾斜，平均海拔1 150米。属温带大陆性气候，冬季受蒙古高压控制寒冷风大，夏季水热同期。年平均气温1.6℃，年降水量300毫米，年蒸发量大于3 000毫米，无霜期平均为120天。地表水属内陆河流域，乌拉盖水系，主要河流为乌拉盖河。东乌珠穆沁旗地处世界四大天然草原之一的锡林郭勒大草原核心区，拥有优质天然草牧场面积7 100万亩。全旗全年可食饲草储量为178.33万吨，暖季载畜能力为17.60亩/羊单位，冷季载畜能力为26.85亩/羊单位（2021年）。

（2）社会经济概况。 东乌珠穆沁旗辖5个镇、4个苏木、1个国有林场：乌里雅斯太镇、道特淖尔镇、嘎达布其镇、额吉淖尔镇、满都胡宝拉格镇、萨麦苏木、呼热图淖尔苏木、嘎海乐苏木、阿拉坦合力苏木、宝格达山林场。根据第七次人口普查数据，全旗总人口94 076人，其中城镇人口68 613人，城镇化率为72.93%。2021年地区生产总值为669 494万元，其中第一产业增加值为206 592万元，第二产业增加值为254 648万元，第三产业增加值为208 253万元，三次产业比例为30.9∶38.0∶31.1。人均生产总值达95 437元。一般公共预算收入110 331万元，一般公共预算支出243 502万元。全体居民人均可支配收入38 864元，其中城镇常住居民人均可支配收入43 519元，农村牧区常住居民人均可支配收入32 616元。农作物总播种面积31 038公顷，粮食产量70 470吨，油料产量6 418吨，肉类总产量47 497吨，奶类产量34 126吨。全旗大牲畜和羊存栏总数为289.64万头（只），母畜比重达到53.92%。

3. 样本情况

典型草原两地共325份调查问卷（表3-4），2010、2015、2020年分别为120、120和85份，其中锡林浩特市三期分别为60、60、37份，东乌珠穆沁旗分别为60、60、48份；2010年与2015年的调研区域均来自相同的嘎查，108份为同一家庭牧户追踪数据，其中锡林浩特市为53份，东乌珠穆沁旗为55份。

表3-4 2010、2015、2020年锡林浩特市、东乌珠穆沁旗样本数据

旗县	2010年	2015年	2020年	合计
锡林浩特市	60	60	37	157
东乌珠穆沁旗	60	60	48	168
合计	120	120	85	325

（二）经营草地

1. 经营草地面积

锡林浩特市的户均经营草地面积呈逐年减少的趋势。从图 3-7a 可以看出，三个时期户均经营草地面积的平均值分别为 8 404 亩、7 632 亩、4 761 亩，共减少了 43.35%；经营草地的中位数值也从 2010 年的 6 883 亩减少到 2020 年的 3 000 亩，共减少了 56.41%。调查样本中牧户经营草地面积呈逐渐集聚的趋势，2010 年和 2015 年的分布较为分散，2020 年较为集中，均值与中位数的差距逐渐缩小。10 年间经营草地面积规模较大的牧户数量逐渐减少，2010 年和 2015 年经营草场面积大于 10 000 亩的分别占到 36.67% 和 30.00%，而 2020 年占比仅 10.81%。除了调研取样的原因外，也说明规模较大的牧户正在逐渐减小畜牧业生产规模。经营草地面积较小的牧户在努力增加经营面积，规模相对较大的牧户部分选择大幅调减。这可能与锡林浩特市草地资源相对紧缺和草地租用价格上涨有关。牧户经营调控行为也表现出经营草地面积较小的牧户在生态补奖政策实施后其经营规模有增加的倾向，而原经营面积较大的牧户，减少经营面积的居多。

东乌珠穆沁旗总体经营草地面积呈大幅减少的趋势。从图 3-7b 可以看出，三期户均经营草地面积的平均值分别为 16 276 亩、13 404 亩、6 639 亩，10 年间减少了 59.21%；三期中间规模牧户经营草地面积分别为 15 123 亩、12 500 亩、5 360 亩，降幅非常明显，共减少了 64.56%。调查样本中牧户经营草地面积的分布呈逐渐集中的趋势，数据箱体的长度逐渐变短，中位数与均值的差距逐渐减小；三期经营草地面积大于 20 000 亩的牧户数量占比分别为 20.00%、15.00%、0%，呈明显减少趋势；面积小于 5 000 亩的牧户数量占比分别为 8.33%、11.67%、36.96%，呈明显上升的趋势。从整体变化趋势来

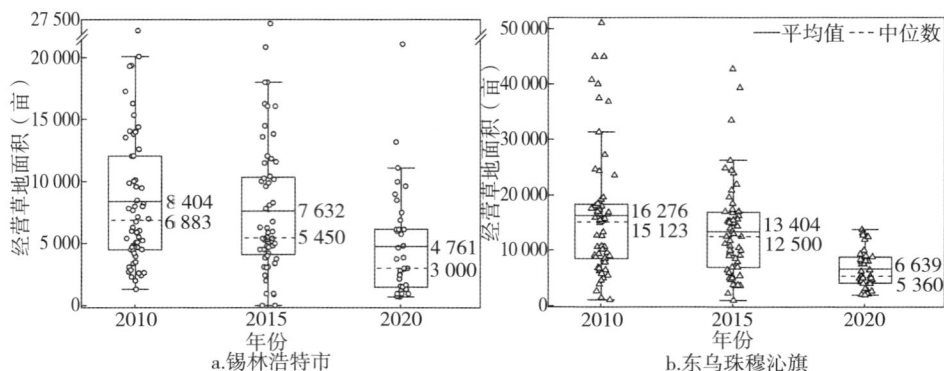

图 3-7 2010、2015、2020 年锡林浩特市、东乌珠穆沁旗经营草地面积

看，牧户的经营草地面积是持续减少的。

2. 承包草场面积

锡林浩特市牧户承包草场面积呈逐渐减少的变化趋势，与经营草场面积的变化趋势一致。从图3-8a可以看出，三个时期户均承包草地面积的平均值分别为4 642亩、4 145亩、3 052亩，共减少了34.25%；承包草场规模位于中间牧户的面积也从2010年的3 670亩减少到2020年的2 450亩，共减少了33.24%。承包草场面积占经营面积的比例呈持续增加的趋势，三个时期的比例分别为55.23%、54.31%、64.10%，2010年到2020年共上升个8.87百分点。承包草场面积与经营草场面积相等（没有进行草场流转）的牧户占比也是波动上升的趋势，三个时期的比例分别为30.00%、26.67%、51.35%。此外2015年和2020年分别有3位和2位牧户的承包草场面积与经营草场面积的占比大于100%，将草场承包给别人。无论是承包草场的面积还是占比，均呈逐渐减少的趋势。

东乌珠穆沁旗牧户承包草场面积呈逐渐减少的变化趋势。从图3-8b可以看出，三个时期户均承包草地面积的平均值分别为10 274亩、9 316亩、6 088亩，共减少了40.74%；承包草场规模位于中间牧户的面积也从2010年的9 728亩减少到2020年的5 360亩，共减少了44.90%。承包草场面积占经营面积的比例呈持续增加的趋势，三个时期的比例分别为63.12%、69.50%、91.70%，2010年到2020年共上升28.57个百分点。承包草场面积与经营草场面积相等（没有进行草场流转）的牧户占比也呈波动上升的趋势，三个时期的比例分别为46.67%、50.00%、84.78%。可以看出东乌珠穆沁旗的承包面积呈快速下降的趋势，且大多数牧户选择不租入草场甚至租出草场，逐渐开始减小畜牧业生产规模。

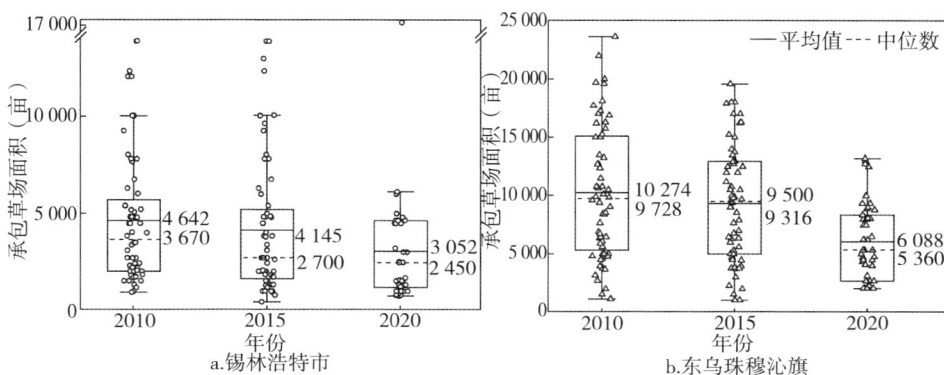

图3-8　2010、2015、2020年锡林浩特市、东乌珠穆沁旗承包草场面积

3. 流转草场面积

锡林浩特市草场流转变化趋势呈明显净流入状态。从表3-5中可以看出，

2010—2015 年租入草场的情况是比较稳定的，2010 年和 2015 年租入总面积分别为 219 165 亩、215 243 亩，租入户数分别为 42 户、40 户，租入牧户户均租入面积分别为 5 218 亩、5 381 亩。主要是因为 2010 年和 2015 年调研区域为同嘎查，且多数调研对象为连续回访的牧户，所以情况比较稳定。说明 2010—2015 年锡林浩特市草场租入情况并没有太大的变化，大多 2010 年选择租入草场的牧户在 2015 年也依然选择租入草场。2020 年牧户租入草场的总面积、户均面积明显减少，总面积为 66 230 亩，户均面积为 3 679 亩，有 18 位牧户选择租入草场，占比达到 48.64%。三个时期租出草场总面积分别为 6 030 亩、10 415 亩、2 300 亩，分别占到同时期经营草地总面积的 1.20%、2.27%、1.30%；租出草场牧户平均租出面积分别为 6 030 亩、3 471 亩、2 300 亩，租出草场户数分别为 1 户、3 户、1 户。

东乌珠穆沁旗草场流转比例为逐渐降低的趋势，与锡林浩特市趋势相近，但转入与转出的差要明显小于锡林浩特市。从表 3-5 中可以看出，三个时期租入草场总面积分别为 374 323 亩、269 282 亩、25 338 亩，分别占到同时期经营草地面积的 38.33%、33.48%、8.30%；租入草场牧户平均租入面积分别为 12 477 亩、9 973 亩、3 619 亩，租入草场户数分别为 30 户、27 户、7 户，分别占到同时期调研牧户数量的 50.00%、45.00%、14.58%。三个时期租出草场总面积分别为 60 855 亩、26 250 亩、3 050 亩，租出草场牧户平均租出面积分别为 7 607 亩、6 562 亩、1 525 亩，租出草场户数分别为 8 户、4 户、2 户，分别占到同时期调研牧户数量的 13.33%、6.67%、4.17%。

表 3-5　2010、2015、2020 年锡林浩特市和东乌珠穆沁旗草场流转情况

| 旗县 | 年份 | 租入草场面积（亩） | | 租入草场户数 | | 租出草场面积（亩） | | 租出草场户数 | |
		总面积	户均面积	户数	比例（%）	总面积	户均面积	户数	比例（%）
锡林浩特市	2010	219 165	5 218	42	70.00	6 030	6 030	1	1.67
	2015	215 243	5 381	40	66.67	10 415	3 471	3	5.00
	2020	66 230	3 679	18	48.64	2 300	2 300	1	2.70
东乌珠穆沁旗	2010	374 323	12 477	30	50.00	60 855	7 606	8	13.33
	2015	269 282	9 973	27	45.00	26 250	6 562	4	6.67
	2020	25 338	3 619	7	14.58	3 050	1 525	2	4.17

4. 草地资源配置

2010—2020 年锡林浩特市和东乌珠穆沁旗调研牧户的经营草地面积，东乌珠穆沁旗经营面积要远高于锡林浩特市。如 2010 年两地调研牧户经营草地面积分别为 8 404 亩和 16 276 亩，相差 7 872 亩；到 2015 年和 2020 年分别相差 5 772 亩和 1 879 亩。主要原因是两地承包草场面积相差较大，三期承包草场

面积分别相差 5 632 亩、5 170 亩、3 036 亩。

对比经营草地的配置情况，两地承包草场面积一直占主导地位，东乌珠穆沁旗承包面积占比要高于锡林浩特市。两地承包草场面积占比呈明显上升的趋势，2010—2020 年，锡林浩特市从 55.24% 上升到 64.10%，上升了 8.86 个百分点；东乌珠穆沁旗从 63.13% 上升到 91.70%，上升了 28.57 个百分点。相比之下，草场流转比例和户数均呈下降的趋势，从 2010—2015 年连续回访的数据中也能发现牧户逐渐开始降低草场流转的比例。从中可以看出，草场面积越小的区域越趋向于草场流转，经营草地的配置中租入草场的面积占比会更大。

（三）牲畜变化

1. 牲畜数量

锡林浩特市牲畜数量呈下降的变化趋势。从图 3-9a 可以看出，三个时期户均牲畜数量的平均值分别为 670、635、407 个羊单位，2010 年和 2015 年变化不大，2015 年到 2020 年降低了 35.91%；中位数分别为 595、671、349 个羊单位，共减少了 41.34%。从分散程度可以看出，2010—2020 年牧户牲畜数量逐渐呈先分散后集中的趋势，2020 年牧户牲畜数量主要集中在 60~700 个羊单位之间，分布最集中。

东乌珠穆沁旗牲畜数量呈持续下降的趋势。从图 3-9b 中可以看出，三个时期户均牲畜总数量的平均值分别为 1 032、992、648 个羊单位，共降低了 37.21%；中位数分别为 773、813、570 个羊单位，共减少了 26.26%；可以看出养畜规模在逐渐变小。从分散程度可以看出，2010—2020 年牧户牲畜数量逐渐呈集中分布的趋势，牲畜数量大于 1 500 个羊单位的牧户占比分别为 20.00%、15.00%、6.52%，2010 年到 2020 年共下降了 13.48 个百分点；2020 年调研牧户牲畜数量的最大值和最小值分别为 1 624、110 个羊单位，分

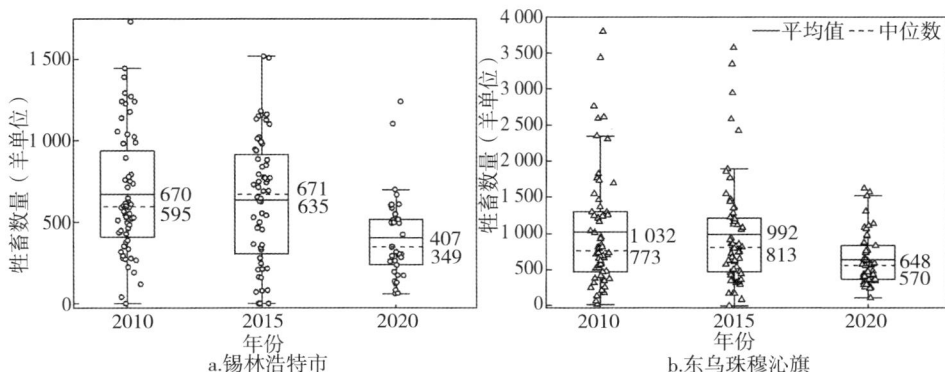

图 3-9　2010、2015、2020 年锡林浩特市、东乌珠穆沁旗牲畜数量

布非常集中。

2. 牲畜结构

锡林浩特市绵羊占比呈持续上升的趋势。从图 3-10a 中可以看出，绵羊一直为最主要的畜种，三期占比分别为 62.41%、73.92%、77.91%，呈逐年上升的趋势，10 年间共上升了 15.50 个百分点。肉牛占比仅次于绵羊，呈波动下降的趋势，三期占比分别为 18.05%、11.80%、14.57%，10 年间共下降了 3.48 个百分点。马是次于绵羊和肉牛的重要畜种，三期占比分别为 5.76%、7.73%、5.29%，占比较为稳定。山羊占比呈明显下降趋势，尤其是 2010—2015 年，占比从 11.81% 下降到 1.81%，下降了 10 个百分点，到 2020 年，山羊占比仅有 0.09%。奶牛和骆驼占比一直都是最低的，变化并不明显，每年也只有一两位牧户饲养。

东乌珠穆沁旗绵羊占比呈上升趋势。从图 3-10b 中可以看出，2010 年和 2015 年的牲畜结构较为相近，2020 年的变化较大，主要是绵羊占比的大幅提高和山羊、马占比的降低。2010—2020 年绵羊和山羊组成的小畜一直占据主体地位，三期占比分别为 74.21%、69.53%、78.60%，10 年间共上升了 4.39 个百分点。其中绵羊三期占比分别为 62.01%、64.60%、77.05%，共上升了 15.04 个百分点，2010—2015 年变化幅度较小，仅上升了 2.59 个百分点，2015—2020 年变化幅度较大，上升了 12.45 个百分点。山羊占比呈快速下降趋势，三期占比分别为 12.20%、4.93%、0.38%，10 年间共下降了 96.89%。肉牛占比呈先升后降的趋势，三期占比分别为 13.77%、16.96%、13.04%。马的占比仅次于绵羊和肉牛，但 2020 年由于绵羊占比的增加，马的占比也在 2020 年呈快速下降趋势。奶牛和骆驼的占比是最低的，但奶牛的变化还是比较明显的，占比在 2020 达到 2.55%；骆驼占比一直低于 0.1%，变化并不明显。

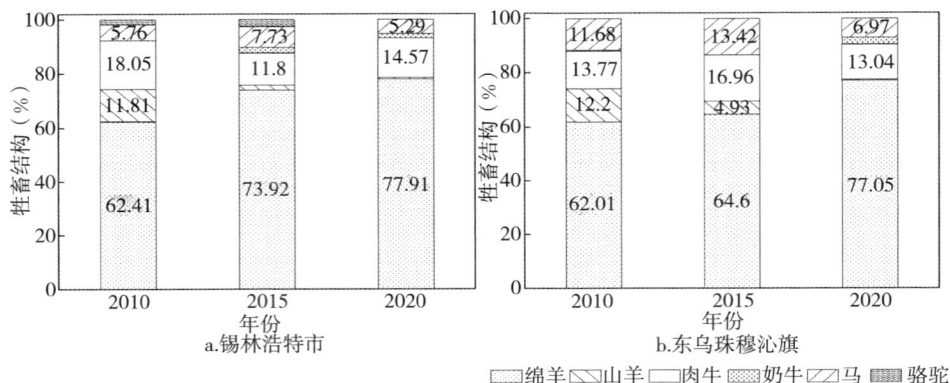

图 3-10 2010、2015、2020 年锡林浩特市、东乌珠穆沁旗牲畜结构

（四）饲草料

锡林浩特市牧户购买饲草料的数量呈波动下降的趋势。从图 3-11a 中可以看出，三个时期购买饲草料的数量均值分别为 129、136、86 千克/羊单位，10 年间共减少了 33.33%；中位数分别为 114、107、42 千克/羊单位，共减少了 63.16%。购买饲草料的牧户比例分别为 95.00%、88.33%、94.59%，购买饲草料大于 50 千克/羊单位的牧户比例分别为 81.67%、63.33%、43.24%，说明牧户购买比例呈下降趋势。2010 年和 2015 年购买饲草料的数量比较接近，但相比较，2015 年比 2010 年两极分化的情况比较严重。

东乌珠穆沁旗牧户购买饲草料的数量呈快速增加的趋势。从图 3-11b 中可以看出，三期购买饲草料的数量分别为 28、67、67 千克/羊单位，10 年间共增加了 150%；中位数分别为 0、62、70 千克/羊单位；三期购买饲草料的牧户比例分别为 43.33%、91.67%、100.00%，购买饲草料大于 50 千克/羊单位的牧户比例分别为 26.67%、51.67%、73.91%，购买数量和户数都呈稳定上升的趋势，其中 2010—2015 年的涨幅更为明显。从购买饲草料的数据分布上可以看出，2010—2015 年呈逐渐分散的趋势，而且大于均值的数值越来越多，2015 年两极分化尤为明显，购买量小于 10 千克/羊单位的占到 45.00%，大于 60 千克/羊单位的占到 50.00%。

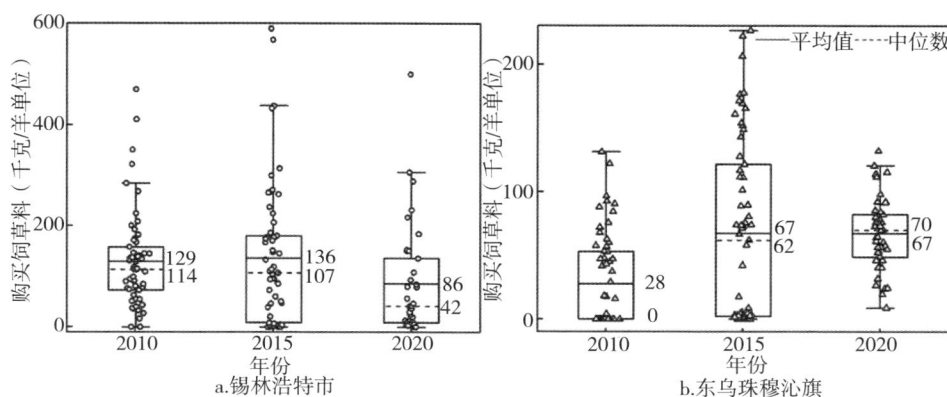

图 3-11　2010、2015、2020 年锡林浩特市、东乌珠穆沁旗饲草料购买量

（五）草畜平衡

锡林浩特市的草畜关系呈超载的状态，超载情况向更严重的方向发展。从图 3-12a 中可以看出，载畜压力指数呈波动上升的趋势，三期均值分别为 1.51、1.40、1.95，10 年间共上升了 29.14%，2015 年的载畜压力最小。中位数数值呈持续上升的趋势，三期中位数分别为 1.22、1.26、1.66，共上升

了 36.07％，中位数数值的上升也说明牧户畜牧业生产中的草畜关系朝着超载的方向发展。从表 3-6 载畜压力指数的数据分布中可以看出，三个时期牧户牲畜超载率数值分布呈先集中后分散的趋势，2020 年两极分化的趋势更为明显，有 6 位牧户的载畜压力指数大于 3.5，最大值为 5.87。在载畜压力指数的数据分布中，三期处于不超载（载畜压力指数小于 0.8）的牧户数量占比分别为 16.95％、27.59％、18.92％，处于平衡（载畜压力指数介于 0.8～1.2 之间）的牧户数量占比分别为 32.20％、20.69％、18.92％，处于超载（载畜压力指数大于 0.8）的牧户数量占比分别为 50.58％、51.72％、62.16％；可以看出，10 年间超载牧户比例呈持续上升的趋势，共上升了 11.58 个百分点，主要是经营草地面积减小所致。2020 年的超载情况更为严重，主要是经营草地面积和购买饲草料数量双减少所致。无论从均值、中位数或数据分布看，锡林浩特市牧户草畜关系一直呈超载的状态。10 年间草畜平衡整体向更超载的方向发展，主要原因是由于草地经营面积的减少、购买饲草料数量的减少，同时牧户的牲畜数量的降幅没有与草地面积和饲草料的增加相匹配，使得草场压力变大，草畜关系不平衡。

东乌珠穆沁旗的草畜关系呈超载的状态，超载情况向更严重的方向发展。从图 3-12b 可以看出，载畜压力指数呈波动上升的趋势，三期均值分别为 1.59、1.46、1.84，10 年间共上升了 15.72％。中位数数值呈持续上升的趋势，三期中位数分别为 1.35、1.44、1.57，共上升了 16.30％，中位数数值的上升也说明攻户畜牧业生产中的草畜关系朝着超载的方向发展。从表 3-6 载畜压力指数的数据分布中可以看出，2015 年超载压力的平均值要低于 2010 年和 2020 年，一是牲畜数量的降幅超过了经营草地面积的降幅，二是购买饲草料数量的增加；此外 2015 年严重超载的牧户数量较少，如 2010 年有两位牧户

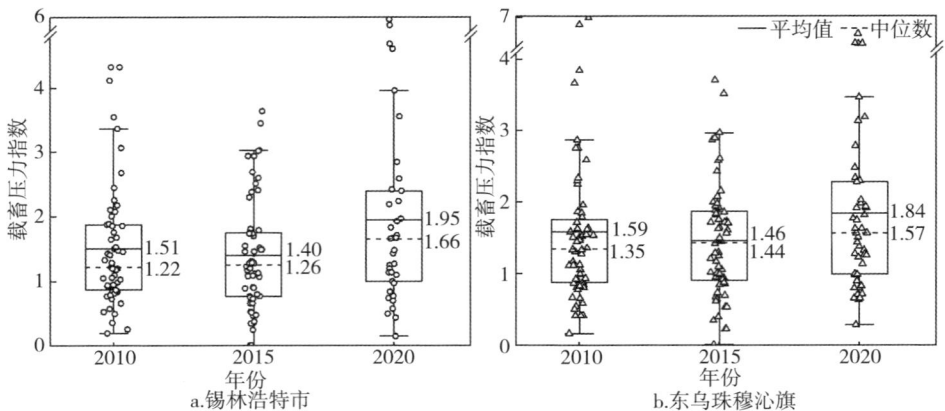

图 3-12　2010、2015、2020 年锡林浩特市、东乌珠穆沁旗载畜压力指数

的载畜压力指数超过 6，分别为 6.36 和 6.89，2020 年有 4 位牧户的值大于 4.5，但 2015 年所有牧户的值均小于 3.71。三期处于不超载（载畜压力指数小于 0.8）的牧户数量占比分别为 16.67%、20.00%、13.04%，处于平衡（载畜压力指数介于 0.8～1.2 之间）的牧户数量占比分别为 26.67%、21.67%、17.39%，处于超载（载畜压力指数大于 0.8）的牧户数量占比分别为 56.66%、58.33%、69.57%；可以看出，超载牧户比例呈持续上升的趋势，共上升了 12.91 个百分点。10 年间草畜平衡整体向严重超载的方向发展，主要是经营草地面积的减幅大于牲畜数量减幅所致，最终使得草场压力变大，草畜关系不平衡。

表 3-6　2010、2015、2020 年锡林浩特市和东乌珠穆沁旗载畜压力指数分布情况

载畜压力指数		锡林浩特市			东乌珠穆沁旗		
		2010 年	2015 年	2020 年	2010 年	2015 年	2020 年
不超载	<0.8	16.95	27.59	18.92	16.67	20.00	13.04
平衡	0.8～1.2	32.20	20.69	18.92	26.67	21.67	17.39
超载	>1.2	50.85	51.72	62.16	56.66	58.33	69.57

三、荒漠草原草畜平衡路径变化

（一）案例区域及样本情况

1. 四子王旗

（1）自然地理概况。 四子王旗（41°10′～43°22′E，110°20′～113°00′N）位于乌兰察布市西北部，内蒙古自治区中部。东与乌兰察布市察哈尔右翼中旗、察哈尔右翼后旗及锡林郭勒盟苏尼特右旗毗邻，南与乌兰察布市卓资县、呼和浩特市武川县交界，西与包头市达尔罕茂明安联合旗相连，北与蒙古国接壤，边境线全长 104 千米，总面积 2.55 万平方千米。地形从南至北由阴山山脉北缘、乌兰察布丘陵和蒙古高原三部分组成，海拔高度为 1 000～2 100 米。四子王旗属于典型的大陆性干旱气候，年平均气温在 1～6℃，历年平均降水量为 110～350 毫米，平均无霜期 108 天。全旗水资源总量为 4.44 亿立方米，其中地表水平均径流量为 3 649 万立方米。全旗草场面积为 212.69 万公顷，可利用草场面积 200.26 万公顷，主要为荒漠化草原类型。2021 年，全旗全年可食饲草储量为 70.08 万吨，暖季载畜能力 22.14 亩/羊单位，冷季载畜能力为 36.40 亩/羊单位。

（2）社会经济概况。 四子王旗辖查干补力格苏木、红格尔苏木、江岸苏木、脑木更苏木、巴音敖包苏木 5 个苏木，东八号乡、忽鸡图乡、大黑河乡 3

个乡，白音朝克图镇、乌兰花镇、吉生太镇、库伦图镇、供济堂镇 5 个镇，是多民族聚居的边境牧业旗。根据第七次人口普查数据，全旗总人口 129 372人，其中城镇人口 64 979 人。2021 年地区生产总值 63.9 亿元，城镇居民人均可支配收入 32 786 元，农牧民人均纯收入 14 207 元。年出栏肉羊达 130 万只、肉牛 2 万头。2019 年出栏肉猪 17 238 头，出栏肉牛 11 920 头，出栏肉羊1 238 583 只，出栏家禽 100 533 只，禽肉产量 224 吨，肉类总产量 25 480 吨，奶类产量 1 530 吨。种植业以马铃薯主导产业稳步发展，种植面积达 88 万亩；畜牧业以杜蒙肉羊、肉牛、双峰驼、獭兔为主的优势特色产业。

2. 苏尼特右旗

(1) 自然地理概况。苏尼特右旗（111°08′~114°16′E，41°55′~43°39′N）位于内蒙古自治区中部，锡林郭勒盟西部，是锡林郭勒盟的西大门。东邻苏尼特左旗、镶黄旗；南靠乌兰察布市察哈尔右翼后旗、商都县；西接乌兰察布市的四子王旗；东北与二连浩特市接壤；北与蒙古国交界，国境线长 18.15 千米，总面积 2.23 万平方千米。地形南高北低，中北部为坦荡的高平原和丘陵，南部多山、东部为浑善达克沙地延伸部分，平均海拔高度为 1 200 米。境内无长年河流，地表水贫乏，地下水资源分布不均匀且埋藏较深。属干旱性大陆性气候，年平均气温为 4.3℃，年降水量为 180 毫米，年平均蒸发量为 2 384 毫米，无霜期 130 天。全旗草地资源 220.33 万公顷，可利用草原面积 202.78 万公顷。主要为荒漠化草原类型，2021 年全旗全年可食饲草储量为 58.43 万吨，暖季载畜能力为 23.84 亩/羊单位，冷季载畜能力为 41.33 亩/羊单位。

(2) 社会经济概况。苏尼特右旗辖 3 个镇、4 个苏木：赛汉塔拉镇、朱日和镇、乌日根塔拉镇、桑宝拉格苏木、额仁淖尔苏木、赛罕乌力吉苏木、阿其图乌拉苏木。根据第七次人口普查数据，全旗总人口 62 402 人，其中城镇人口 47 424 人。2020 年全旗生产总值为 375 537 万元，其中：第一产业增加值为71 492 万元，第二产业增加值为 129 885 万元，第三产业增加值为 174 160 万元，三次产业结构为 19.0：34.6：46.4。一般公共预算收入 21 609 万元，一般公共预算支出 168 099 万元；全体居民人均可支配收入 31 025 元，城镇常住居民人均可支配收入 39 304 元，农村牧区常住居民人均可支配收入 12 949 元。农作物总播种面积 2 297 公顷，粮食产量 203 吨，油料产量 401 吨，肉类总产量18 533 吨，奶类产量 321 吨。2 019 年出栏肉羊 679 153 只，出栏肉牛 23 714 头，肉类产量 13 533 吨，奶类产量 322 吨，家畜总头数 571 918 头（只、口）。"苏尼特羊"和"苏尼特驼"是地方优良畜种，国家二级保护动物苏尼特双峰驼是国内三大骆驼品种之一，苏尼特羊肉为国家地理标志产品。

3. 样本情况

荒漠草原两个旗共 340 份调查问卷（表 3-7），2010、2015、2020 年分别为121、120和99份，其中四子王旗三期分别为60、60、41份，苏尼特右旗分别为61、60、58份；2010年与2015年调研区域均来自相同的嘎查，有95份为同一家庭牧户追踪数据，其中四子王旗为41份，苏尼特右旗为54份。

表3-7　2010、2015、2020年四子王旗、苏尼特右旗样本数据

旗县	2010年	2015年	2020年	合计
四子王旗	60	60	41	161
苏尼特右旗	61	60	58	179
合计	121	120	99	340

（二）经营草地

1. 经营草地面积

四子王旗户均经营草地面积呈逐年减少的趋势。从图3-13a中可以看出，三个时期户均经营草地面积平均值分别为10 778亩、8 658亩、5 086亩，共减少了52.81%；中位数也从2010年的8 330亩减少到2020年的5 100亩，共减少了38.78%。调查样本牧户经营草地面积分布呈逐渐集聚的趋势，2020年均值与中位数分别为5 086亩和5 100亩，分布非常集中。10年间大规模经营草地面积的牧户数量逐渐减少，2010年和2015年经营草场面积大于10 000亩的分别占到46.67%和26.67%；而2020年的牧户占比仅为2.44%。

苏尼特右旗经营草地面积呈大幅减少的趋势。从图3-13b中可以看出，三期户均经营草地面积的平均值分别为12 567亩、11 065亩、7 657亩，10年间减少了39.07%；三期中位数分别为12 000亩、10 120亩、7 005亩，共减少了41.63%。牧户经营草地面积的数据分布趋势与四王子旗一致，呈逐渐集中的趋势，数据箱体的长度逐渐变短，中位数与均值的差距逐渐减小。三期经营

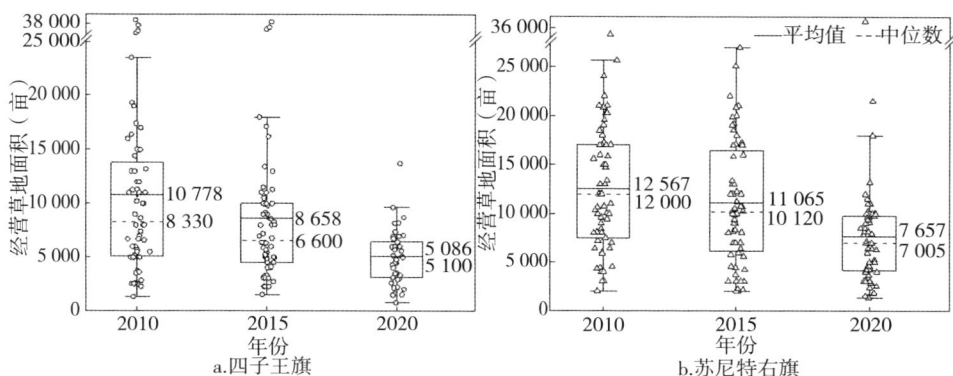

图3-13　2010、2015、2020年四子王旗、苏尼特右旗经营草地面积

草地面积大于 10 000 亩的牧户数量占比分别为 59.02%、53.33%、22.41%，呈明显减少趋势。

2. 承包草场面积

四子王旗牧户承包草场面积呈逐渐减少的趋势，与经营草场面积的变化趋势一致。从图 3-14a 中可以看出，三个时期户均承包草地面积的平均值分别为 8 869 亩、7 682 亩、4 585 亩，共减少了 48.30%；中位数分别为 6 000 亩、5 850 亩、4 460 亩，10 年间共减少了 25.67%。承包草场面积占经营面积的比例呈持续增加的趋势，三个时期的比例分别为 82.29%、88.73%、90.15%，2010 年到 2020 年共上升了 7.86 个百分点。承包草场面积与经营草场面积相等（没有进行草场流转）的牧户占比也呈波动上升的趋势，三个时期的比例分别为 63.33%、60.00%、78.05%。

苏尼特右旗牧户承包草场面积呈逐渐减少的变化趋势。从图 3-14b 中可以看出，三个时期户均承包草地面积的平均值分别为 11 070 亩、10 109 亩、5 890 亩，共减少了 46.79%；中位数从 2010 年的 10 000 亩减少到 2020 年的 4 608 亩，共减少了 53.92%。承包草场面积占经营面积的比例呈先升后降的趋势，三个时期的比例分别为 88.09%、91.36%、76.92%，2010—2015 年上升了 3.27 个百分点，2015—2020 年下降了 14.44 个百分点。承包草场面积与经营草场面积相等（没有进行草场流转）牧户的比例呈较为稳定的趋势，三个时期的比例分别为 68.85%、65.00%、70.69%。

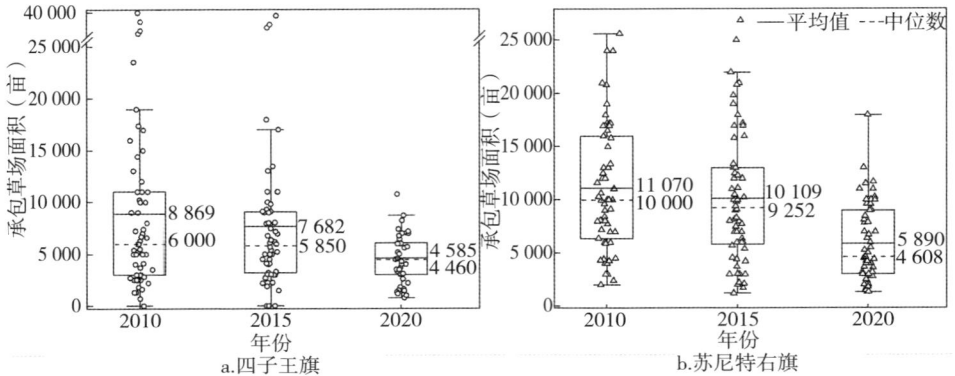

图 3-14　2010、2015、2020 年四子王旗、苏尼特右旗承包草场面积

3. 流转草场面积

四子王旗草场流转比例呈逐年下降的趋势，从表 3-8 中可以看出，2010—2020 年调研牧户草场流转面积和牧户数量呈递减的趋势。三个时期租入草场总面积分别为 114 510 亩、62 950 亩、20 546 亩，分别占同时期经营草地面积的 17.71%、12.12%、9.85%；租入草场牧户的平均租入面积分别为

5 205亩、3 934亩、2 283亩，租入草场户数分别为22户、14户、9户，分别占同时期调研牧户数量的36.66%、26.66%、21.95%。从租入情况看，无论从面积、占比、户数都呈下降的趋势。三个时期租出草场总面积分别为1 300亩、4 676亩、0亩，2010年和2015年分别有1位牧户租出，2020年没有牧户租出。

苏尼特右旗草场流转中的租入草场呈波动下降的趋势。从表3-8中可以看出，三个时期租入草场总面积分别为91 300亩、66 700亩、92 700亩，分别占同时期经营草地面积的11.90%、10.05%、20.87%；租入草场牧户平均租入面积分别为4 805亩、5 558亩、5 793亩，租入草场户数分别为19户、12户、16户，分别占同时期调研牧户数量的31.15%、20.00%、27.59%。三个时期租出草场总面积分别为13 000亩、11 000亩、200亩，2010年和2015年分别为2位牧户租出草场，2020年没有牧户租出草场。

表3-8 2010、2015、2020年四子王旗和苏尼特右旗草场流转情况

旗县	年份	租入草场面积（亩）		租入草场户数		租出草场面积（亩）		租出草场户数	
		总面积	户均面积	户数	比例（%）	总面积	户均面积	户数	比例（%）
四子王旗	2010	114 510	5 205	22	36.66	1 300	1 300	1	1.66
	2015	62 950	3 934	16	26.66	4 676	4 676	1	1.66
	2020	20 546	2 283	9	21.95	0	0	0	0
苏尼特右旗	2010	91 300	4 805	19	31.15	13 000	6 500	2	3.28
	2015	66 700	5 558	12	20.00	11 000	5 500	2	3.34
	2020	92 700	5 793	16	27.59	200	0	0	0

4. 草地资源配置

2010—2020年四子王旗和苏尼特右旗调研牧户的经营草地面积中，苏尼特右旗户均经营草地面积要高于四子王旗。三个时期苏尼特右旗经营草地面积分别是四子王旗的1.17倍、1.28倍和1.51倍，差距逐渐拉大；承包草场面积方面，苏尼特右旗是四子王旗的1.25倍、1.32倍、1.28倍。此外，租入草场面积的不同也是导致差异逐渐拉大的主要原因，三个时期苏尼特右旗租入草场总面积分别是四子王旗的0.80倍、1.06倍和4.51倍。

经营草地的配置情况中，两个旗的承包草场面积一直占主导地位，四子王旗承包面积占比呈持续上升的趋势，苏尼特右旗在2010—2015年呈上升的趋势，而2020年突然呈下降趋势，应与调研区域有差异有关。四子王旗租入草场的比例呈持续下降的趋势，而苏尼特右旗呈先升后降的趋势。从2010—2015年两个旗承包面积占经营草地面积的比值来看，四子王旗的占比更低。对于荒漠草原而言，承包草场面积占经营草地面积的80%以上，草场流转比

例较低。从中可以看出，草场面积越小的区域更趋向于草场流转，租入草场的面积占比会更大。

（三）牲畜变化

1. 牲畜数量

四子王旗的牲畜数量呈先升后降的变化趋势。从图 3-15a 中可以看出，三个时期户均牲畜总数量的平均值分别为 529、588、302 个羊单位，2010—2015 年增加了 11.15%，2015—2020 年减少了 48.64%，整体呈下降的趋势；中位数分别为 400、538、272 个羊单位，2010—2015 年增加了 34.50%，2015—2020 年减少了 49.44%。从分散程度可以看出，2010—2020 年牧户牲畜数量呈先分散后集中的趋势，从 2010—2015 年的均值与中位数的差值变化中可以看出，大于均值牧户占比明显增加，2015 年的中位数比均值大了 50 个羊单位，说明 2015 年的两极分化情况有所缓解。2020 年牧户的牲畜数量主要集中在 50～500 个羊单位之间，分布较为集中。

苏尼特右旗的牲畜数量呈波动上升的变化趋势。从图 3-15b 中可以看出，三个时期户均牲畜总数量的平均值分别为 380、522、418 个羊单位，2010—2015 年增加了 37.37%，2015—2020 年减少了 19.92%，整体呈上升的趋势；中位数分别为 316、491、354 个羊单位，共增加了 12.03%，其中 2010—2015 年增加了 55.38%，2015—2020 年减少了 27.90%。从分散程度可以看出，2010—2020 年牧户牲畜数量逐渐呈先集中后分散的分布趋势，均值与中位数的差分别为 54、31、64 个羊单位。2010 年调研牧户中有两户的牲畜数量分别为 1 921 和 1 524 个羊单位，到 2015 和 2020 年，最大值明显变小，说明养畜规模非常大的牧户数量正在减少。

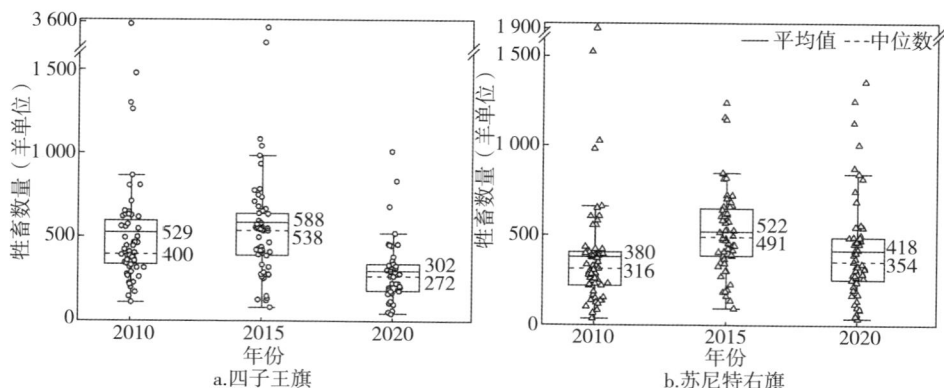

图 3-15　2010、2015、2020 年四子王旗、苏尼特右旗牲畜数量

2. 牲畜结构

四子王旗的绵羊占比呈明显上升趋势。从图 3-16a 中可以看出，绵羊数量是所有畜种中最高的，三期占比分别为 45.63%、48.83%、63.40%，呈逐年上升的趋势，10 年间共上升了 17.77 个百分点。骆驼是荒漠草原非常重要的畜种，占比仅次于绵羊，变化趋势略有下降，但还是比较稳定，三期占比分别为 23.10%、23.97%、22.06%，10 年间共下降了 1.04 个百分点。山羊是次于绵羊和骆驼的重要畜种，呈快速下降的变化趋势，三期占比分别为 23.74%、9.19%、4.55%，共下降了 19.19 个百分点。肉牛的占比呈先升后降的变化趋势，三期占比分别为 6.26%、13.93%、7.40%，2010—2015 年上升了 7.67 个百分点，2015—2020 年下降了 6.53 个百分点。马和奶牛的占比一直都是最低的，马的三期占比分别为 1.21%、4.05%、2.31%，奶牛三期占比分别为 0.06%、0.04%、0.27%，变化并不明显。

苏尼特右旗的绵羊占比呈波动上升趋势，山羊占比呈下降趋势。从图 3-16b 中可以看出，2010—2020 年绵羊和山羊组成的小畜一直占据主体地位，三期占比分别为 82.54%、86.66%、78.11%，10 年间共下降了 4.43 个百分点。其中绵羊三期占比分别为 60.17%、77.74%、73.15%，共上升了 12.98 个百分点；2010—2015 年变化幅度较大，上升了 17.57 个百分点；2015 年后趋于稳定，2015—2020 年变化幅度较小，共下降了 4.59 个百分点。绵羊占比上升是由于饲养山羊的人转为饲养绵羊导致的，10 年间山羊占比呈快速下降趋势，三期占比分别为 22.37%、8.92%、4.96%，共下降了 17.41 个百分点。肉牛是仅次于绵羊和山羊的第三大畜种，呈先降后升的趋势，三期占比分别为 13.37%、7.06%、12.18%，10 年间虽然有变化，但最终还是趋于稳定。

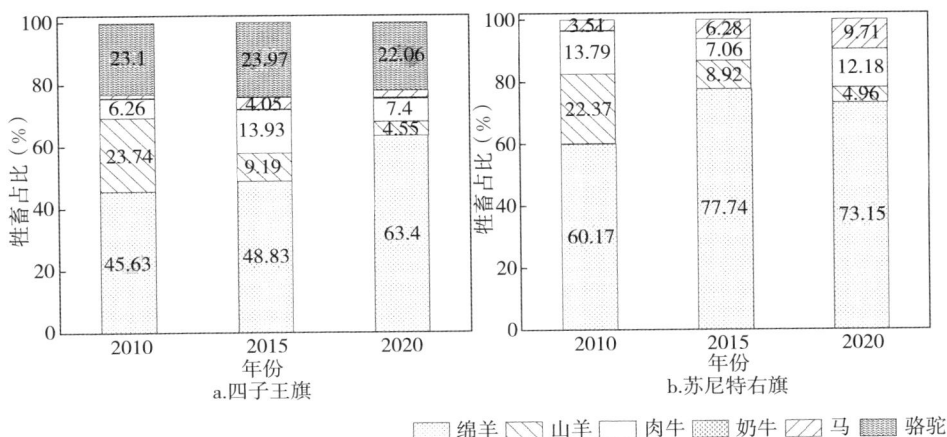

图 3-16　2010、2015、2020 年四子王旗、苏尼特右旗牲畜结构

马也是比较重要的畜种，呈逐渐下降的变化趋势，三期占比分别为 3.51%、6.28%、9.71%，10 年间共上升了 6.20 个百分点。奶牛的占比是非常低的，仅 2010 年的占比为 0.16%，其余年份没有牧户饲养奶牛。苏尼特右旗没有牧民饲养骆驼。

（四）饲草料

四子王旗牧户购买饲草料的数量呈快速增加的趋势。从图 3-17a 中可以看出，三期购买饲草料的数量分别为 39、93、169 千克/羊单位，2020 年是 2010 年的 4.33 倍，其中 2015—2020 年的上涨数量达到了 76 千克/羊单位，涨幅达到了 81.72%；中位数分别为 24、70、98 千克/羊单位；三期购买饲草料的牧户比例分别为 81.67%、98.33%、100.00%，购买饲草料大于 50 千克/羊单位的牧户比例分别为 35.00%、60.00%、75.61%，购买数量和户数都呈稳定上升的趋势，其中 2015—2020 年的涨幅更为明显。从购买饲草料的数据分布上可以看出，2010—2015 年呈比较集中的分布趋势，而且大于均值的数值越来越多；2020 年呈明显的分散分布，两极分化尤为明显，购买量小于 10 千克/羊单位的牧户比例占到 5.00%，大于 60 千克/羊单位的牧户比例占到 58.33%。

苏尼特右旗牧户购买饲草料的数量呈稳步上升的趋势。从图 3-17b 中可以看出，三个时期购买饲草料的数量均值分别为 76、87、94 千克/羊单位，10 年间共增加了 23.68%；中位数分别为 68、80、83 千克/羊单位，共增加了 22.06%。购买饲草料的牧户比例分别为 100.00%、100.00%、96.55%，购买饲草料大于 50 千克/羊单位的牧户比例分别为 67.21%、76.67%、65.52%，说明牧户购买比例呈先升高后下降的趋势。从购买的数量和户数来说，相比于四子王旗，苏尼特右旗具有储备饲草料习惯的牧民更多，从 2010

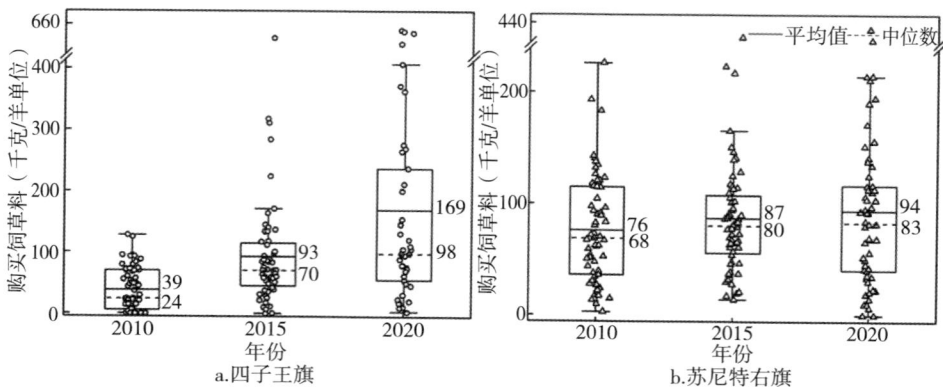

图 3-17　2010、2015、2020 年四子王旗、苏尼特右旗饲草料购买量

年开始所有调研到的牧户都有储备饲草料的习惯，虽然涨幅较小，但正好说明牧民购买饲草料一直是稳定的习惯。

（五）草畜平衡

四子王旗的载畜压力呈先升后降的变化趋势。从图 3-18a 中可以看出，载畜压力指数呈先增加后减小的趋势，三期均值分别为 1.65、2.05、1.46，2015 年的载畜压力最大，2010 年和 2020 年较为相近。中位数的数值呈持续下降的趋势，三期中位数分别为 1.35、1.65、1.14，共下降了 15.56%，中位数数值的下降也说明牧户畜牧业生产中的草畜关系正朝着平衡的方向发展。从表 3-9 载畜压力指数的数据分布中可以看出，数值分布呈逐渐分散的趋势。载畜压力指数的数据分布中，三期处于不超载（载畜压力指数小于 0.8）的牧户数量占比分别为 30.00%、20.00%、36.59%，处于平衡（载畜压力指数介于 0.8～1.2 之间）的牧户数量占比分别为 10.00%、10.00%、17.07%，处于超载（载畜压力指数大于 0.8）的牧户数量占比分别为 60.00%、70.00%、46.34%；可以看出，10 年间超载牧户比例呈不断下降的趋势，共下降了 13.66 个百分点。无论从均值、中位数或数据分布看，四子王旗牧户草畜关系正朝着平衡的方向发展，主要原因是牲畜数量的减少和购买饲草料数量的增加。

苏尼特右旗的草畜关系逐渐朝着超载的趋势发展。从图 3-18b 中可以看出，载畜压力指数呈持续上升的趋势，三期均值分别为 0.95、1.31、1.67，10 年间共上升了 75.79%。中位数数值呈持续上升的趋势，三期中位数分别为 0.79、1.09、1.43，共上升了 81.01%。2010 年时大多牧户还未超载，但 2020 年载畜压力指数明显上升，且两极分化的情况较为严重，指数大于 2 的

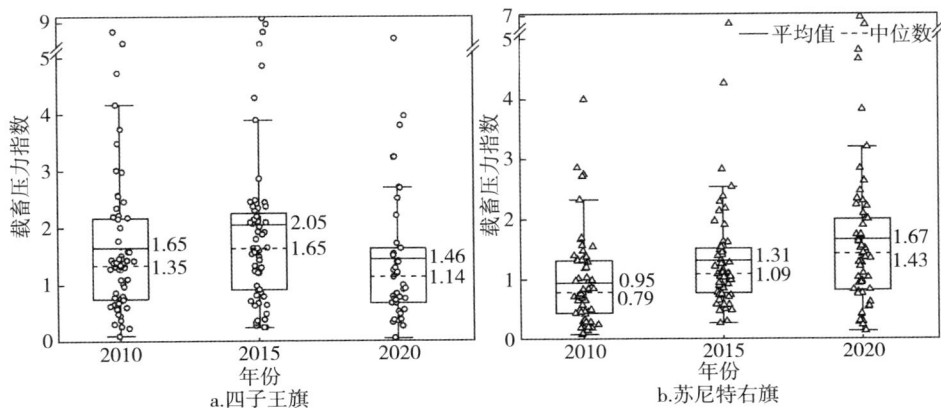

图 3-18　2010、2015、2020 年四子王旗、苏尼特右旗载畜压力指数

牧户占比达到 24.14%，最大值为 6.83。从表 3-9 载畜压力指数的数据分布中可以看出，三期处于不超载（载畜压力指数小于 0.8）的牧户数量占比分别为 52.46%、26.67%、24.14%，处于平衡（载畜压力指数介于 0.8~1.2 之间）的牧户数量占比分别为 18.03%、31.67%、13.79%，处于超载（载畜压力指数大于 0.8）的牧户数量占比分别为 29.51%、41.66%、62.07%；超载牧户比例呈大幅上升的趋势，共上升了 32.56 个百分点。2015 年和 2020 年载畜压力指数较大的原因是，牲畜数量大量增加，但草地经营面积减少，所以造成不平衡的情况；尤其 2020 年的牲畜数量均值为 418 个羊单位的情况下，草地经营面积仅为 7 657 亩，牲畜数量为 2010 年的 1.1 倍，但草地经营面积仅为 0.61 倍，最终使得草场压力变大，草畜关系不平衡。

表 3-9　2010、2015、2020 年四子王旗和苏尼特右旗载畜压力指数分布情况

载畜压力指数		四子王旗			苏尼特右旗		
		2010 年	2015 年	2020 年	2010 年	2015 年	2020 年
不超载	<0.8	30.00	20.00	36.59	52.46	26.67	24.14
平衡	0.8~1.2	10.00	10.00	17.07	18.03	31.67	13.79
超载	>1.2	60.00	70.00	46.34	29.51	41.66	62.07

四、沙地草原草畜平衡路径变化

（一）案例区域及样本情况

1. 鄂托克旗

（1）自然地理概况。 鄂托克旗（106°41′~108°54′E，38°18′~40°11′N）位于内蒙古自治区鄂尔多斯市西部，北靠杭锦旗，南邻鄂托克前旗，西隔甘德尔山与乌海市相邻、隔黄河与阿拉善盟和宁夏回族自治区相望，东与乌审旗接壤，是鄂尔多斯高原的重要组成部分。全旗南北长 209 千米，东西宽 188 千米，总面积 2.1 万平方千米。鄂托克旗以波状高原为主，西北高，东南低，平均海拔 1 800 米。东部、南部为连绵起伏的毛乌素沙地，多为剥蚀洼地和沙丘堆积地形。全旗属于典型的温带大陆性气候，日照丰富，四季分明，无霜期短，降水少，蒸发量大。年日照时数 3 000 小时左右，年平均气温 7.1℃，年降水量 250 毫米，年蒸发量 3 000 毫米，无霜期 122 天左右。可开采水资源总量为 27 787.5 万立方米。境内天然草地资源总面积为 2 962.36 万亩，占国土总面积的 96.97%，其中，可利用面积为 2 619.75 万亩，占草场总面积的 88.43%。2021 年，全旗全年可食饲草储量为 37.99 万吨，暖季载畜能力为 32.10 亩/羊单位，冷季载畜能力为 48.69 亩/羊单位。

（2）社会经济概况。 鄂托克旗辖 4 个镇、2 个苏木、乌兰镇、棋盘井镇、蒙西镇、木凯淖尔镇、阿尔巴斯苏木、苏米图苏木。根据第七次人口普查数据，全旗总人口 162 726 人，其中城镇人口 128 829 人，城镇化率为 79.17%。2021 年地区生产总值为 519 亿元，同比增长 9.8%。其中第一产业实现增加值 11.2 亿元，同比增长 4.2%；第二产业实现增加值 417.2 亿元，同比增长 10.8%；第三产业实现增加值 90.6 亿元，同比增长 7.1%；三次产业占比为 2.2：80.4：17.5。人均地区生产总值 31.7 万元，同比增长 8.8%。全旗实现财政总收入 103.3 亿元，完成一般公共预算收入 32.2 亿元，较上年同期增长 12.9%。全旗一般公共预算支出 57.1 亿元，同比增长 28.6%。全旗现价农林牧渔业及服务业总产值 19.8 亿元，其中农业总产值 8.7 亿元、牧业总产值 9.6 亿元、农林牧渔服务业总产值 0.49 亿元。

2. 杭锦旗

（1）自然地理概况。 杭锦旗（116°55′～109°16′E，39°22′～40°52′N）位于鄂尔多斯高原西北部，东与达拉特旗、东胜区接壤，南与伊金霍洛旗、乌审旗为邻，西与鄂托克旗毗连，北与巴彦淖尔市隔黄河相望。东西长 197 千米，南北宽 161 千米，总面积 18 903 平方千米。杭锦旗地跨鄂尔多斯高原与河套平原，地势南高北低，东高西低。气候属于典型的中温带半干旱高原大陆性气候，年平均气温 6.8℃，年平均日照时间为 3 193 小时，年平均降水量 245 毫米，多年平均蒸发量 2 720 毫米，无霜期 155 天。地表水境内有黄河、摩林河两大水系，各河流域面积占总面积的 67.33%，无流区域面积占 32.67%。2021 年，全旗全年可食饲草储量为 24.24 万吨，暖季载畜能力为 34.28 亩/羊单位，冷季载畜能力为 49.48 亩/羊单位。

（2）社会经济概况。 杭锦旗辖 5 个镇、1 个苏木、1 个管委会。共辖 76 个嘎查（村），10 个社区居委会。杭锦旗是一个多民族地区，全旗共有 19 个民族，根据第七次人口普查数据，全旗总人口 110 824 人，其中城镇人口 69 101 人，城镇化率为 62.35%。2021 年，全旗地区生产总值完成 146.3 亿元，第一产业增加值为 26.3 亿元，第二产业增加值为 71.1 亿元，第三产业增加值为 48.9 亿元，三次产业比例为 18.0：48.6：33.4。农业产值 27.5 亿元，牧业产值 13.5 亿元。牲畜存栏达到 147.3 万头（只），其中，猪 2.6 万头、牛 6.2 万头，羊 137.2 万只，骆驼 0.76 万头。肉类总产量 2.2 万吨，其中猪肉 0.2 万吨，牛肉 0.4 万吨，羊肉 1.5 万吨。杭锦旗境内资源富集，有"羊煤土气铀风光"的美誉。牧业年度牲畜存栏量 185 万只，耕地 131 万亩、可利用草牧场 2 000 万亩。

3. 乌审旗

（1）自然地理概况。 乌审旗（108°17′～109°40′E，37°38′～39°23′N）位

于鄂尔多斯市西南部，与陕西省榆林市榆阳区、靖边县、横山区等地毗邻，总面积 11 645 平方千米。地形分布特点：大部分为"梁地、滩地、沙地"相间，北部全为沙源，沙漠、滩地、梁地呈西北-东南条带状分布。属温带大陆性气候，年平均气温 6.8℃，全年日照 2 800～3 000 小时，有效积温 2 800～3 000℃，年降水量 350～400 毫米，年蒸发量 2 200～2 800 毫米，年平均风速 3.4 米/秒，无霜期 113～156 天。南部有四条河流是无定河、纳林河、海流图河、白河，均属黄河水系无定河支流。全旗平均径流量为 37 712.35 万立方米，地表水径流量 33 026.80 万立方米，地表径流量由东南向西北递减。2021 年，全旗全年可食饲草储量为 17.05 万吨，暖季载畜能力为 30.80 亩/羊单位，冷季载畜能力为 43.35 亩/羊单位。

（2）社会经济概况。 乌审旗辖 5 个镇 1 个苏木，嘎鲁图镇、乌审召镇、图克镇、乌兰陶勒盖镇、无定河镇、苏力德苏木，是一个以蒙古族为主体、汉族人口占多数的少数民族聚居区。根据第七次人口普查数据，全旗总人口 158 566 人，其中城镇人口 98 830 人。2021 年全旗完成地区生产总值 398.3 亿元，其中第一产业增加值 18.98 亿元，第二产业增加值 295.68 亿元，第三产业增加值 83.64 亿元，三次产业增加值比例为 4.8∶74.2∶21。地方财政总收入累计完成 1 130 117 万元，其中公共财政预算收入 344 035 万元。全年现价农林牧渔业及服务业总产值 32.85 亿元，同比增长 4.4%。其中：农业产值 17.27 亿元，林业产值 0.66 亿元，牧业产值 14.07 亿元，渔业产值 0.25 亿元，农林牧渔服务业产值 0.60 亿元。全年猪牛羊肉产量 20 184 吨，猪牛羊禽四肉产量达 22 597.9 吨。年末猪牛羊存栏 1 515 321 头（只）。其中：生猪存栏 124 262 头，牛存栏 129 291 头，羊存栏 1 261 768 只。

4. 样本情况

沙地草原三个旗县共 351 份调查问卷（表 3 - 10），2010、2015 年分别为 179、172 份，其中鄂托克旗分别为 63、63 份，杭锦旗分别为 57、51 份，乌审旗分别为 59、58 份；2010 年与 2015 年的调研区域均来自相同的嘎查，有 147 份为同一家庭牧户追踪数据，其中鄂托克旗为 53 份，杭锦旗为 47 份，乌审旗为 47 份。

表 3 - 10　2010、2015 年沙地草原样本数据

旗县	2010	2015	合计
鄂托克旗	63	63	126
杭锦旗	57	51	108
乌审旗	59	58	117
合计	179	172	351

（二）经营草地

1. 经营草地面积

沙地草原三个旗的户均经营草地面积均呈逐年减少的趋势。从图 3-19 中可以看出，三个旗的户均经营草地面积排序为鄂托克旗＞杭锦旗＞乌审旗，经营草地面积的比较中，2010 年鄂托克旗、杭锦旗、乌审旗分别为 4 994 亩、2 439 亩、1 918 亩，鄂托克旗分别为杭锦旗、乌审旗的 2.05 倍、2.60 倍；2015 年鄂托克旗、杭锦旗、乌审旗分别为 4 293 亩、2 288 亩、1 583 亩，鄂托克旗分别为杭锦旗、乌审旗的 1.88 倍、2.71 倍。两期户均经营草地面积变化均值，鄂托克旗减少了 701 亩，下降了 14.04％；杭锦旗减少了 151 亩，下降了 6.19％；乌审旗减少了 335 亩，下降了 17.47％；减少面积数量的排序分别是鄂托克旗＞乌审旗＞杭锦旗，下降比例的顺序分别是乌审旗＞鄂托克旗＞杭锦旗。两期中位数变化，鄂托克旗从 4 160 亩变为 3 972 亩，减少了 188 亩；杭锦旗从 2 100 亩变为 2 180 亩，增加了 80 亩；乌审旗从 1 500 亩变为 1 575 亩，增加了 75 亩；中位数的变化中鄂托克旗是下降趋势，而杭锦旗和乌审旗是微弱增加的趋势。从经营草地均值和中位数的差值可以看出，沙化草原的经营草地面积向集中分布的方向发展，鄂托克旗的差值从 834 亩变为 321 亩，杭锦旗从 339 亩变为 108 亩，乌审旗从 418 亩变为 8 亩，差值逐渐变小，说明数值分布越加均匀。鄂托克旗牧户调研中经营草地面积的最大规模为 46 200 亩，这位牧户自家承包草场面积为 6 200 亩，租入 40 000 亩草场。

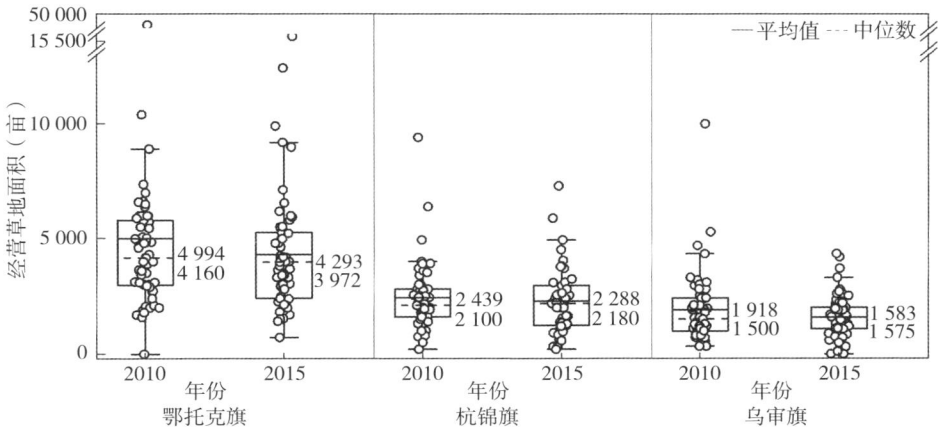

图 3-19 2010、2015 年鄂托克旗、杭锦旗和乌审旗经营草地面积

2. 承包草场面积

沙地草原三个旗的户均承包草场面积均呈逐年减少的趋势。从图 3-20 可以看出，三个旗承包草场面积排序为鄂托克旗＞杭锦旗＞乌审旗，承包草场面

积的比较中，2010 年鄂托克旗、杭锦旗、乌审旗分别为 3 837 亩、1 971 亩、
1 781亩，鄂托克旗分别为杭锦旗、乌审旗的 1.95 倍、2.15 倍；2015 年鄂托
克旗、杭锦旗、乌审旗分别为3 428亩、1 583 亩、1 451亩，鄂托克旗分别为杭
锦旗、乌审旗的 2.17 倍、2.36 倍。两期户均承包草场面积变化均值，鄂托克
旗减少了 409 亩，下降了 10.66％；杭锦旗减少了 388 亩，下降了 19.69％；
乌审旗减少了 330 亩，下降了 18.53％；减少面积数量的排序分别是鄂托克
旗＞杭锦旗＞乌审旗，下降比例的顺序分别是杭锦旗＞乌审旗＞鄂托克旗。两
期中位数变化，鄂托克旗从 3 600 亩变为 3 400亩，减少了 200 亩；杭锦旗从
2 000亩变为1 600亩，减少了 400 亩；乌审旗从 1 425亩变为 1 420亩，减少了 5
亩。中位数的降幅明显低于均值，且两者的差值逐渐减小，鄂托克旗的差值从
237 亩变为 28 亩，杭锦旗从 29 亩变为 17 亩，乌审旗从 356 亩变为 31 亩，说
明承包草场面积分布向更均匀的趋势发展。

　　沙地草原三个旗承包草场面积占经营面积比例的变化趋势具有差异性。从
承包草场面积占经营草地面积的比例变化趋势来说，鄂托克旗呈逐渐上升的变
化趋势，两期占比分别为76.83％和79.85％，上升了 3.02 个百分点；杭锦旗
呈明显下降趋势，两期占比分别为80.81％和 69.19％，下降了 11.62 个百分
点；乌审旗呈微弱的下降趋势，两期占比分别为92.86％和 91.66％，下降了
1.20 个百分点。承包草场面积与经营草场面积相等（没有进行草场流转）的
牧户占比中，鄂托克旗和杭锦旗呈下降趋势、乌审旗呈上升趋势。2010 年和
2015 年没有进行草场流转的牧户比例变化中，鄂托克旗分别为 79.37％和
74.60％，呈下降变化趋势；杭锦旗分别为 77.19％和 52.94％，呈下降变化趋
势；乌审旗分别为83.05％和85.96％，呈增加变化趋势。

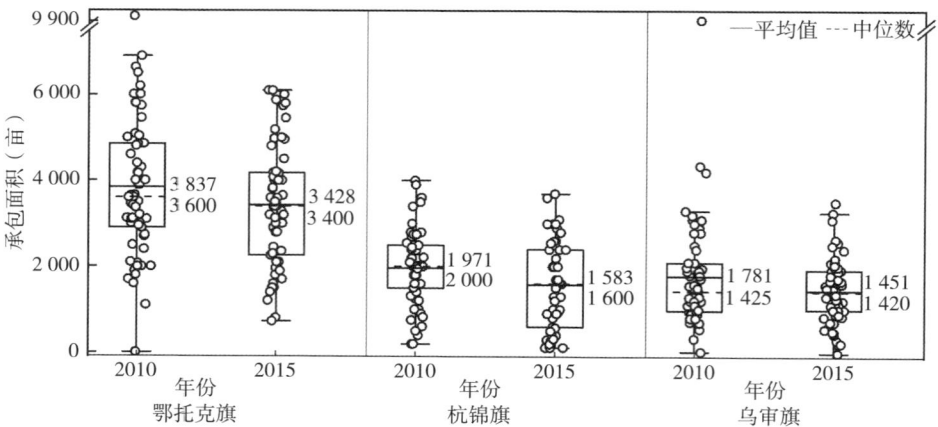

图 3-20　2010、2015 年鄂托克旗、杭锦旗和乌审旗承包草场面积

3. 流转草场面积

沙地草原三个旗的草场流转呈净流入状态，租出草场的面积和牧户数量都较少。从表3-11可以看出，鄂托克旗和乌审旗租入草场呈下降的趋势，杭锦旗呈增加的趋势。2010年和2015年草场租入情况中，鄂托克旗租入总面积从72 850亩减少到50 470亩，占经营草地的比例从23.15%减少到18.66%；租入户数从13户增加到15户，占比分别为20.63%和23.81%，租入草场牧户的户均租入面积从5 604亩减少到3 365亩。乌审旗租入总面积从8 050亩减少到2 910亩，占经营草地的比例从7.09%下降到3.16%；租入户数从9户减少到4户，占比分别为15.25%和6.90%，租入草场牧户的户均租入面积从894亩减少到727亩。杭锦旗租入总面积从26 668亩增加到35 500亩，占经营草地的比例从18.77%增加到30.42%；租入户数从14户增加到23户，占比分别为24.56%和45.10%，租入草场牧户的户均租入面积从1 905亩减少到1 543亩。三个旗户均租入面积均呈下降的趋势。租出草场面积中，鄂托克旗两期均有1位牧户选择出租草场；乌审旗在2015年有5户选择出租草场，户均出租面积为586亩。

表3-11　2010、2015年沙地草原草场流转情况

| 旗县 | 年份 | 租入草场面积（亩） | | 租入草场户数 | | 租出草场面积（亩） | | 租出草场户数 | |
		总面积	户均面积	户数	比例（%）	总面积	户均面积	户数	比例（%）
鄂托克旗	2010	72 850	5 604	13	20.63	4 180	4 180	1	1.59
	2015	50 470	3 365	15	23.81	4 000	4 000	1	1.59
杭锦旗	2010	26 668	1 905	14	24.56	0	0	0	0
	2015	35 500	1 543	23	45.10	0	0	0	0
乌审旗	2010	8 050	894	9	15.25	0	0	0	0
	2015	2 910	727	4	6.90	2 930	586	5	8.62

4. 草地资源配置

2010—2015年沙地草原经营草地面积的配置中，承包草场占经营草地面积的占比均高于69.00%。三个旗中经营草地面积和承包草地面积的对比中，鄂托克旗＞杭锦旗＞乌审旗；承包面积与经营面积的比值中，乌审旗＞鄂托克旗＞杭锦旗；租入面积与经营面积的比值中，杭锦旗＞鄂托克旗＞乌审旗。在时间变化上，鄂温克旗和乌审旗的承包面积占比呈逐年上升的趋势，杭锦旗呈下降的趋势，说明经营草地面积和承包面积处于较大值和较小值的时候，草场流转的比例是较低的，而草场面积大小适中的杭锦旗的流转是比较频繁的。

（三）牲畜变化

1. 牲畜数量

沙地草原三个旗的牲畜数量呈微弱增加的趋势。从图 3-21 可以看出，三个旗整体牲畜数量大小为鄂托克旗＞乌审旗＞杭锦旗，其中乌审旗和杭锦旗的牲畜数量及变化趋势是比较接近的。在牲畜数量的比较中，2010 年鄂托克旗、杭锦旗、乌审旗分别为 304、214、225 个羊单位，鄂托克旗分别为杭锦旗、乌审旗的 1.42 倍、1.35 倍；2015 年鄂托克旗、杭锦旗、乌审旗分别为 334、220、272 个羊单位，鄂托克旗分别为杭锦旗、乌审旗的 1.52 倍、1.23 倍。在两期牲畜数量的变化上，鄂托克旗分别为 304 个羊单位和 334 个羊单位，增加了 30 个羊单位，上升了 9.87％；杭锦旗分别为 214 个羊单位和 220 个羊单位，增加了 6 个羊单位，上升了 2.80％；乌审旗分别为 225 个羊单位和 272 个羊单位，增加了 47 个羊单位，上升了 20.89％；牲畜数量增加的排序分别是乌审旗＞鄂托克旗＞杭锦旗，上升比例的顺序分别是乌审旗＞鄂托克旗＞杭锦旗。两期中位数变化，鄂托克旗从 268 个羊单位变为 262 个羊单位，减少了 6 个羊单位；杭锦旗从 206 个羊单位变为 194 个羊单位，减少了 12 个羊单位；乌审旗从 228 个羊单位变为 237 个羊单位，增加了 9 个羊单位；整体变化是较小的。中位数的变化中鄂托克旗和杭锦旗呈下降趋势，而乌审旗呈微弱增加的趋势。从牲畜数量均值和中位数的差值可以看出，沙地草原牲畜数量正逐渐向正态分布的方向发展，鄂托克旗的差值从 36 个羊单位变为 72 个羊单位，杭锦旗的差值从 8 个羊单位变为 26 个羊单位，乌审旗的差值从 27 个羊单位变为 35 个羊单位；说明三个旗牲畜数量的数据分布逐渐从集中变得分散。

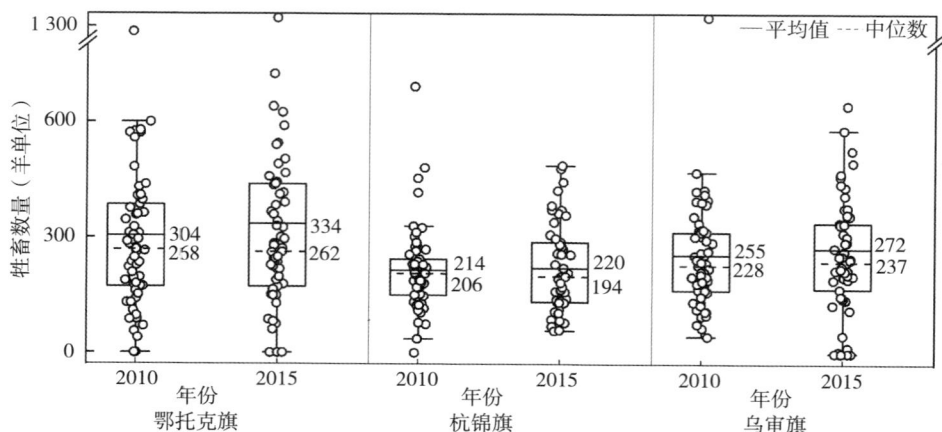

图 3-21　2010、2015 年鄂托克旗、杭锦旗和乌审旗牲畜数量

2. 牲畜结构

沙地草原三个旗小畜的占比逐渐降低，鄂托克旗和杭锦旗以山羊为主，乌审旗以绵羊为主。从图3-22中可以看出，山羊的饲养在鄂托克旗和杭锦旗处于绝对优势的地位，在乌审旗为排第四的畜种，山羊的占比为杭锦旗＞鄂托克旗＞乌审旗。从时间上看，山羊的占比呈逐渐下降的变化趋势，两期的山羊占比中，鄂托克旗分别为71.79%和60.99%，下降了10.80个百分点；杭锦旗分别为89.30%和80.67%，下降了8.63个百分点；乌审旗分别为0.42%和4.00%，上升了3.58个百分点。绵羊是乌审旗最主要的畜种，也是鄂托克旗和杭锦旗仅次于山羊的畜种，绵羊的占比为乌审旗＞鄂托克旗＞杭锦旗，2010年乌审旗绵羊的占比分别是鄂托克旗和杭锦旗的4.43倍和12.52倍，2015年分别是2.87倍和5.26倍，差距在逐渐缩小。从时间上看，绵羊的占比呈逐渐上升的变化趋势，两期的绵羊占比中，鄂托克旗分别为17.96%和24.66%，上升了6.70个百分点；杭锦旗分别为6.36%和13.45%，上升了7.09个百分点；乌审旗分别为79.65%和70.71%，下降了8.94个百分点；鄂托克旗和杭锦旗绵羊数量占比的上升是因为牧户饲养山羊数量下降了。肉牛是三个旗比较重要的畜种，从占比多少来看，乌审旗＞鄂托克旗＞杭锦旗，两期肉牛的占比中，乌审旗分别是17.52%和20.15%，增加了2.63个百分点，乌审旗的肉牛在本旗是仅次于绵羊的重要畜种；鄂托克旗分别是9.0%和12.25%，增加了3.15个百分点；杭锦旗分别是3.04%和5.77%，增加了2.73个百分点。奶牛、马、骆驼是占比较少的畜种，其中奶牛在乌审旗的占比是较高的，而且高于山羊，两期占比分别为1.56%和5.06%，增加了3.5个百分点，呈上升的变化趋势；马在鄂托克旗的占比稍高一些，两期分别占到了1.45%和0.54%；骆驼只有鄂托克旗的牧民有饲养，其他两个旗都没有饲养骆驼。

图3-22　2010、2015年鄂托克旗、杭锦旗和乌审旗牲畜结构

（四）饲草料

  沙地草原三个旗户均购买饲草料的量呈明显增加的趋势。从图 3-23 可以看出，三个旗整体购买饲草料量的顺序为杭锦旗＞乌审旗＞鄂托克旗，其中鄂托克旗和乌审旗的变化趋势是比较接近的。在购买饲草料的比较中，2010 年鄂托克旗、杭锦旗、乌审旗分别为 17、37、12 千克/羊单位，杭锦旗分别为鄂托克旗、乌审旗的 2.18 倍、3.08 倍；2015 年鄂托克旗、杭锦旗、乌审旗分别为 72、61、78 千克/羊单位，三个旗差距不大。在两期购买饲草料数量的变化上，鄂托克旗增加了 55 千克/羊单位，杭锦旗增加了 24 千克/羊单位，乌审旗增加了 66 千克/羊单位；增加数量的排序分别是乌审旗＞鄂托克旗＞杭锦旗。两期中位数变化，鄂托克旗从 4 千克/羊单位变为 42 千克/羊单位，增加了 38 千克/羊单位；杭锦旗从 14 千克/羊单位变为 35 千克/羊单位，增加了 21 千克/羊单位；乌审旗从 0 千克/羊单位变为 63 千克/羊单位，增加了 63 千克/羊单位；整体变化增幅较大。中位数的变化中鄂托克旗多于杭锦旗，乌审旗呈快速增加的趋势。

  沙地草原三个旗中购买饲草料的牧户比例呈增加趋势。三个旗购买饲草料的牧户占比整体排序为杭锦旗＞鄂托克旗＞乌审旗，三个旗牧户饲草料占比两期的变化中，鄂托克旗分别为 55.56% 和 73.02%，增加了 17.46 个百分点；杭锦旗分别为 57.89% 和 74.51%，增加了 16.62 个百分点；乌审旗分别为 18.64% 和 70.69%，增加了 52.05 个百分点。变化趋势的排序分别是乌审旗＞鄂托克旗＞杭锦旗，鄂托克、杭锦旗呈平缓上升趋势，乌审旗呈快速上升趋势。购买饲草料大于 50 千克/羊单位的牧户数量占比也呈明显增加趋势，鄂托克旗从 9.68% 变为 46.03%，增加了 36.35 个百分点；杭锦旗从 28.07% 变

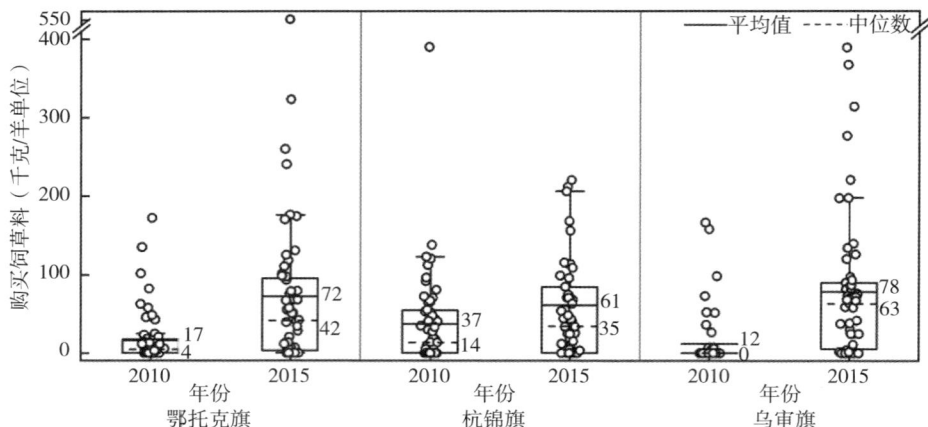

图 3-23　2010、2015 年鄂托克旗、杭锦旗和乌审旗饲草料购买量

为 41.18％，增加了 13.11 个百分点；乌审旗从 10.17％变为 50.88％，增加了 40.71 个百分点。无论从数量还是占比的变化，说明沙地草原牧户购买饲草料占比都具有明显增加的趋势。

（五）草畜平衡

沙地草原草畜关系呈严重超载的状态。从图 3-24 中 2010 年和 2015 年载畜压力指数的平均值来看，鄂托克旗分别为 2.24 和 2.00，降低了 10.71％，呈降低的趋势。杭锦旗分别为 2.64 和 2.75，上升了 4.17％；乌审旗分别为 3.11 和 3.34，上升了 7.40％；两个旗均呈上升的趋势。从中位数来看，鄂托克旗分别为 1.75 和 1.65，降低了 5.71％；杭锦旗分别为 2.57 和 2.38，降低了 7.39％；乌审旗分别为 2.55 和 2.93，上升了 14.90％。从表 3-12 载畜压力指数的数据分布中可以看出，三个旗超载牧户数量的占比中杭锦旗＞乌审旗＞鄂托克旗。2010 年和 2015 年，鄂托克旗不超载的占比分别为 16.13％和 10.00％，平衡的占比分别为 11.29％和 18.33％，超载的占比分别为 72.58％和 71.67％；杭锦旗不超载的占比分别为 3.51％和 3.92％，平衡的占比分别为 3.51％和 7.84％，超载的占比分别为 92.98％和 88.24％；乌审旗不超载的占比分别为 0 和 3.85％，平衡的占比分别为 10.17％和 5.77％，超载的占比分别为 89.83％和 90.38％。超载牧户比例中，鄂托克旗和杭锦旗呈逐渐下降的趋势，乌审旗呈上升的趋势。无论从均值、中位数或数据分布看，沙地草原牧户的超载情况是非常严重的，三个旗牲畜数量整体呈增加的趋势，草地经营面积整体呈下降的趋势，购买饲草料的量虽有增加但并不能与牲畜的增加以及草地经营面积相匹配，因此导致草畜关系比较紧张。

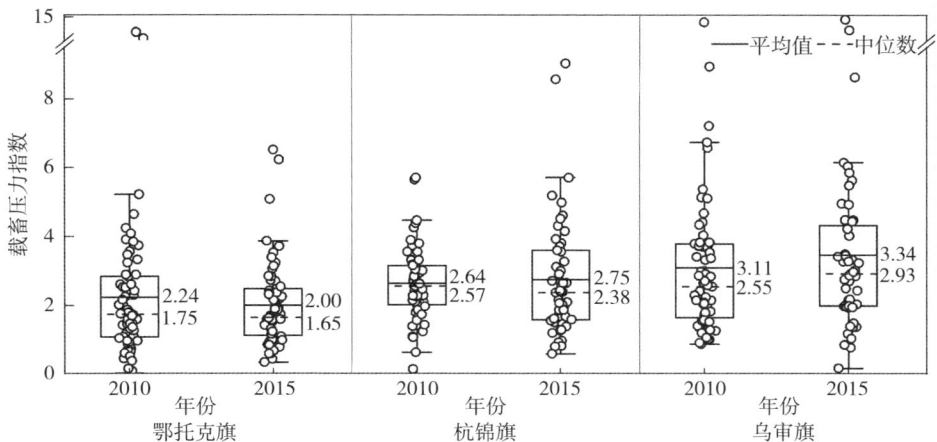

图 3-24　2010、2015 年鄂托克旗、杭锦旗和乌审旗载畜压力指数

表 3-12   2010、2015 年鄂托克旗、杭锦旗和乌审旗载畜压力指数分布情况

载畜压力指数		鄂托克旗		杭锦旗		乌审旗	
		2010 年	2015 年	2010 年	2015 年	2010 年	2015 年
不超载	<0.8	16.13	10.00	3.51	3.92	0.00	3.85
平衡	0.8~1.2	11.29	18.33	3.51	7.84	10.17	5.77
超载	>1.2	72.58	71.67	92.98	88.24	89.83	90.38

五、草原化荒漠草畜平衡路径变化

（一）案例区域及样本情况

1. 乌拉特后旗

（1）自然地理概况。 乌拉特后旗（40°40′~42°22′E，105°14′~107°36′N）位于内蒙古自治区巴彦淖尔市西北部，阴山东西横跨全境。东与乌拉特中旗交界，西与阿拉善左旗毗邻，南与杭锦后旗、磴口县相连，北与蒙古国接壤，边境线长 195.25 千米。全旗东西长 210 千米，南北宽 130 千米，总面积 24 925平方千米。全旗地形包括山地、低山丘陵、砂砾石戈壁高原、沙丘戈壁沙地、山前冲积平原。地势南高北低，平均海拔约 1 500 米。境内属温带荒漠干旱区，为典型的大陆型气候，以风沙大、干旱少雨、日照充足、蒸发强烈为主要特点。年降水量 80~220 毫米，年蒸发量 2 900~3 300 毫米。日照时间 3 316小时，年平均气温 7.2℃，无霜期 120~180 天。地处内蒙古内流区和黄河流域两大水系，内流区面积 17 641平方千米，黄河流域面积 2 298平方千米。全旗草地主要为荒漠化草原类型，2021 年全旗全年可食饲草储量为 32.85 万吨，暖季载畜能力为 53.06 亩/羊单位，冷季载畜能力为 69.26 亩/羊单位。

（2）社会经济概况。 乌拉特后旗辖 3 个镇、3 个苏木、50 个嘎查（村）；巴音宝力格镇、呼和温都尔镇、潮格温都尔镇、巴音前达门苏木、获各琦苏木、乌盖苏木，是一个以蒙古族为主体，汉族人口居多的少数民族边境旗。根据第七次人口普查数据，全旗总人口 53 946 人，其中城镇人口 35 121 人。2020 年全旗生产总值完成 67.61 亿元，其中第一产业实现增加值 5.17 亿元，第二产业实现增加值 47.04 亿元，第三产业实现增加值 15.4 亿元，三次产业结构比例为 7.65：69.58：22.77。全旗公共财政预算收入完成 8.18 亿元，同比下降 6.3%；公共财政预算支出 22.25 亿元，同比增长 15.8%。全旗农林牧渔业现价总产值 9 亿元，同比增长 10.5%。年末牲畜存栏总头数 37.6 万头（只），其中，牛存栏 1.6 万头，同比增长 60%；羊存栏 33.2 万只，同比增长 2.6%。全年肉类总产量 10 175 吨，其中，羊肉产量 5 874 吨，牛肉产量 672吨，猪肉产量 289 吨；各类禽蛋产量 159 吨。

2. 阿拉善左旗

（1）自然地理概况。 阿拉善左旗（103°21′～106°51′E，37°24′～41°52′N）位于内蒙古自治区阿拉善盟东部、贺兰山西麓，东接巴盟磴口县、乌拉特后旗、乌海市；东南与宁夏石嘴山市、银川市、青铜峡市、平罗县相望；南交甘肃景泰县、古浪县与宁夏中卫市沙坡头区、中宁县；西连甘肃武威市、民勤县以及阿拉善右旗；北与蒙古国接壤，国境线长 188.28 千米，全旗总面积80 412平方千米。地处内蒙古高原西部，地势南高北低，平均海拔 1 200 米；腾格里、巴丹吉林、乌兰布和三大沙漠分布于西南、西北和东北部，沙漠面积约占全旗总面积的 46%。全旗属温带荒漠干旱区，为典型的大陆性气候，以风沙大、干旱少雨、日照充足、蒸发强烈为主要特点；年平均气温 7.2℃，日照时间3 316小时，无霜期 120～180 天，年降水量 80～220 毫米，年蒸发量2 900～3 300毫米。2021 年，全年可食饲草储量为 60.34 万吨，暖季载畜能力为 56.81 亩/羊单位，冷季载畜能力为 68.24 亩/羊单位。

（2）社会经济概况。 阿拉善左旗辖 11 个苏木镇、4 个街道、114 个嘎查村。此外，有 4 个被托管苏木（镇）25 个嘎查。有蒙古族、汉族、回族、满族、达斡尔族等 35 个民族，根据第七次人口普查数据，全旗总人口 203 958人，其中城镇人口 167 103 人，城镇化率为 81.93%。2021 年全旗财政总收入10.5 亿元，同比增长 33.89%；一般公共预算收入（含上划盟级收入）5.15亿元，同比增长 38.51%，位列全盟第一，占全盟的 37.81%；旗本级一般公共预算收入完成 3.11 亿元，同比增长 43.26%。城镇居民人均可支配收入12 956元，农村牧区人均可支配收入22 191元。2019 年，当年出栏肉猪21 425头，当年肉类总产量8 729吨，出售肉类总量7 250吨，奶类产量109 811吨。截至 2020 年 6 月末，存栏牲畜 67.91 万头（只），其中小畜 55.29 万只，大畜11.02 万头，生猪 1.60 万头。繁殖仔畜 209 975头，成活205 260头，购进93 005头，成幼畜死亡5 354头，自宰自食25 971头，出售251 497头。

3. 阿拉善右旗

（1）自然地理概况。 阿拉善右旗（99°44′～104°38′E，38°38′～42°02′N）位于内蒙古自治区西部，龙首山与合黎山褶皱带北麓，东接阿拉善左旗、甘肃省民勤县，南邻甘肃省金昌市、张掖市，西连额济纳旗，北与蒙古国接壤。全旗东西长 415 千米，南北宽 375 千米，总面积7.3 万平方千米。地势南、西南部有龙首山脉、合黎山，中部有雅布赖山山脉，西北部为巴丹吉林沙漠，在山地与沙漠之间有戈壁、丘陵、滩地纵横交错。地势南高北低，西高东低，中间地段趋于缓和，平均海拔 1 300 米。属暖温带荒漠干旱区，为典型的干燥大陆性气候特征，平均气温 8.4℃，无霜期 150 天，年平均降水量 89 毫米，年平均蒸发量 3 100 毫米，年均日照时数 3 104.6 小时。风能资源较丰富，全年平均风速 4.4 米/秒，≥3 米/秒的风日全年达 210～260 天。全旗草地主要为荒漠草原类型，2021 年全旗全年可食饲草储量为 36.29 万吨，暖季载畜能力为 50.93 亩/羊单位，冷季载畜能力为 72.70 亩/羊单位。

（2）社会经济概况。全旗现辖 7 个苏木（镇），即巴丹吉林镇、雅布赖镇、阿拉腾敖包镇、曼德拉苏木、阿拉腾朝格苏木、巴彦高勒苏木和塔木素布拉格苏木，有蒙、汉、回、藏等 10 多个民族。根据第七次人口普查数据，全旗总人口 22 647 人，其中城镇人口 17 629 人，城镇化率为 77.84%。2 021 年全旗地区生产总值 22.17 亿元，同比增长 2.2%，其中第一产业增加值完成 3.58 亿元，同比增长 5.5%；第二产业增加值完成 8.89 亿元，同比下降 4.5%；第三产业增加值完成 9.7 亿元，同比增长 6.8%。三次产业结构比为 16：40：44。全旗农作物播种面积 3 609 公顷，粮食总产量实现 4 141 吨。全体常住居民人均可支配收入 43 526 元，同比增长 7.4%。城镇和农牧区常住居民人均可支配收入分别为 48 143 元、27 668 元，同比增长 7.2%、8.9%。

4. 样本情况

草原化荒漠三个旗共 351 份调查问卷（表 3－13），2010、2015 年分别为 180、183 份，其中乌拉特后旗分别为 60、61 份，阿拉善左旗分别为 60、60 份，阿拉善右旗分别为 60、62 份；2010 年与 2015 年的调研区域均来自相同的嘎查，有 155 份为同一家庭牧户追踪数据，其中乌拉特后旗为 50 份，阿拉善左旗为 50 份，阿拉善右旗为 55 份。

表 3－13　2010、2015 年草原化荒漠样本数据

旗县	2010 年	2015 年	合计
乌拉特后旗	60	61	121
阿拉善左旗	60	60	120
阿拉善右旗	60	62	122
合计	180	183	363

（二）经营草地

1. 经营草地面积

草原化荒漠三个旗户均经营草地面积的变化趋势具有差异。从图 3－25 中可以看出，三个旗户均经营草地面积排序为阿拉善右旗＞阿拉善左旗＞乌拉特后旗，在经营草地面积的比较中，2010 年乌拉特后旗、阿拉善左旗、阿拉善右旗分别为 9 804 亩、14 666 亩、20 558 亩，阿拉善右旗分别是乌拉特后旗、阿拉善左旗的 2.10 倍、1.40 倍；2015 年乌拉特后旗、阿拉善左旗、阿拉善右旗分别为7 527亩、14 251亩、23 575亩，阿拉善右旗分别是乌拉特后旗、阿拉善左旗的3.13倍、1.65倍。乌拉特后旗和阿拉善左旗为减少趋势，阿拉善右旗为增加趋势，在两期户均经营草地面积均值变化上，乌拉特后旗减少了2 277亩，下降了23.23％；阿拉善左旗减少了415亩，下降了2.83％；阿拉善右旗增加了3 017亩，增加了14.68％。两期中位数变化，乌拉特后旗从7 613亩变为7 011亩，减少了602亩；阿拉善左旗从9 700亩变为10 348亩，增加了648亩；阿拉善右旗从14 500亩变为21 315亩，增加了6 815亩；中位数的变化中乌拉特后旗是减少趋势，而阿拉善左旗和阿拉善右旗是增加的趋势。从经营草地均值和中位数的差值可以看出，乌拉特后旗的差值从2 191亩变为516亩，阿拉善左旗从4 966亩变为3 903亩，阿拉善右旗从6 058亩变为2 260亩；整体来看，三个旗牧户草场逐渐从分散变得集中。

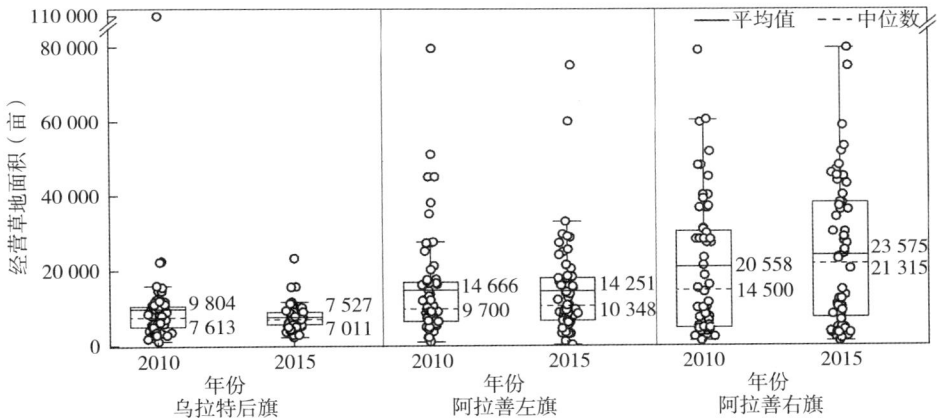

图3-25　2010、2015年乌拉特后旗、阿拉善左旗和阿拉善右旗经营草地面积

2. 承包草场面积

草原化荒漠三个旗承包草场面积整体呈增加的趋势。从图3-26中可以看出，三个旗户均经营草地面积整体大小为阿拉善右旗＞阿拉善左旗＞乌拉特后旗，在经营草地面积的比较中，2010年乌拉特后旗、阿拉善左旗、阿拉善右旗分别为7 808亩、13 108亩、20 558亩，阿拉善右旗分别是乌拉特后旗和阿拉善左旗的2.62倍、1.57倍；2015年乌拉特后旗、阿拉善左旗、阿拉善右旗分别为6 901亩、14 915亩、24 080亩，阿拉善右旗分别是乌拉特后旗和阿拉善左旗的3.49倍、1.61倍。在两期户均经营草地面积均值变化上，乌拉特后旗减少了907亩，下降了11.62％；阿拉善左旗增加了1 087亩，上升了8.29％；阿拉善右旗增加了3 522亩，上升了17.13％。阿拉善左旗和阿拉善右旗经营草地面积为增加的趋势，阿拉善右旗增加数量和幅度大于阿拉善左旗；乌拉特后旗呈下降的趋势。两期中位数变化，乌拉特后旗从6 000亩变为6 544亩，增

加了 544 亩；阿拉善左旗从 9 000 亩变为 9 430 亩，增加了 430 亩；阿拉善右旗从 14 500 亩变为 22 815 亩，增加了 8 315 亩。承包草场面积呈更均匀的分布趋势，乌拉特后旗的差值从 1 808 亩变为 357 亩，阿拉善左旗从 4 108 亩变为 4 765 亩，阿拉善右旗从 6 058 亩变为 1 265 亩。

草原化荒漠三个旗承包草场面积占经营面积的比例的变化趋势具有差异性。从承包草场面积占经营草地面积的比例变化趋势来说，乌拉特后旗呈逐渐上升的变化趋势，两期占比分别为 79.64% 和 91.68%，上升了 12.04 个百分点；阿拉善左旗呈明显上升趋势，两期占比分别为 89.38% 和 99.61%，上升了 10.23 个百分点；阿拉善右旗呈微弱的上升趋势，两期占比分别为 100.00% 和 102.14%，上升了 2.14 个百分点。承包草场面积与经营草场面积相等（没有进行草场流转）的牧户占比中，三个旗均呈上升趋势。2010 年和 2015 年没有进行草场流转的牧户比例变化中，乌拉特后旗分别为 66.67% 和 85.25%，呈上升趋势；阿拉善左旗分别为 90.00% 和 93.33%，呈下降变化趋势；阿拉善右旗分别为 100.00% 和 93.55%，呈下降的变化趋势。

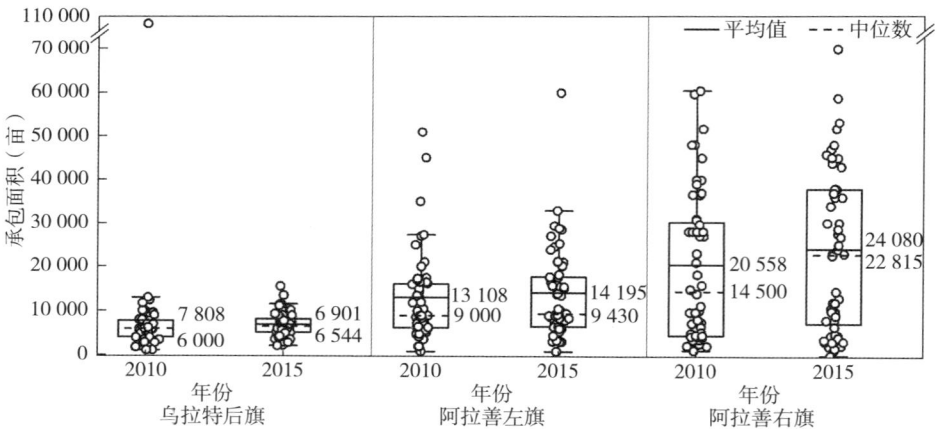

图 3-26 2010、2015 年乌拉特后旗、阿拉善左旗和阿拉善右旗承包草场面积

3. 流转草场面积

草原化荒漠三个旗草场流转面积数量较小，且呈逐年下降的趋势。乌拉特后旗和阿拉善左旗均有租入草场的牧户，阿拉善右旗没有租入草场的牧户。从表 3-14 中可以看出，2010 年和 2015 年的草场租入情况中，乌拉特后旗租入总面积从 119 776 亩减少到 37 941 亩，占经营草地的比例从 20.36% 减少到 8.40%；租入户数从 20 户减少到 8 户，占同时期调研户数的比例分别为 33.33% 和 13.11%，租入草场的牧户户均租入面积从 5 989 亩减少到 4 743 亩。阿拉善左旗租入总面积从 93 500 亩减少到 24 200 亩，占经营草地的比例从 10.62% 减少到 2.74%；租入户数从 6 户减少到 4 户，占同时期调研户数的比

例分别为 10.00％ 和 6.45％，租入草场的牧户户均租入面积从15 583亩减少到6 050亩。租出草场中，仅有乌拉特后旗和阿拉善右旗在2 015年有租出的草场，租出面积分别为21 000亩和33 650亩，租出户数分别为 1 户和 4 户。

表 3 - 14　2010、2015 年乌拉特后旗、阿拉善左旗和阿拉善右旗草场流转情况

旗县	年份	租入草场面积（亩）		租入草场户数		租出草场面积（亩）		租出草场户数	
		总面积	户均面积	户数	比例（％）	总面积	户均面积	户数	比例（％）
乌拉特后旗	2010	119 776	5 989	20	33.33	0	0	0	0
	2015	37 941	4 743	8	13.11	21 000	21 000	1	16.13
阿拉善左旗	2010	93 500	15 583	6	10.00	0	0	0	0
	2015	24 200	6 050	4	6.45	0	0	0	0
阿拉善右旗	2010	0	0	0	0	0	0	0	0
	2015	0	0	0	0	33 650	8 412	4	6.67

4. 草地资源配置

2010—2015 年草原化荒漠经营草地面积的配置中，承包草场占经营草地面积的占比均高于79.00％，阿拉善右旗更是达到了100％。三个旗经营草地面积和承包草地面积的对比中，阿拉善右旗＞阿拉善左旗＞乌拉特后旗；承包面积与经营面积的比值中，阿拉善右旗＞阿拉善左旗＞乌拉特后旗；租入面积与经营面积的比值中，乌拉特后旗＞阿拉善左旗＞阿拉善右旗。说明对于草原化荒漠地区而言，经营草地面积和承包面积越大，草场流转的比例越低，三个旗中草场面积最小的乌拉特后旗的流转比例是最高的。

（三）牲畜变化

1. 牲畜数量

草原化荒漠的三个旗牲畜数量整体呈减少的趋势。从图 3 - 27 中可以看出，三个旗整体牲畜数量大小为阿拉善右旗＞乌拉特后旗＞阿拉善左旗，在牲畜数量的比较中，2010 年乌拉特后旗、阿拉善左旗、阿拉善右旗分别为 464、478、513 个羊单位，阿拉善右旗分别是乌拉特后旗、阿拉善左旗的 1.11 倍、1.07 倍；2015 年乌拉特后旗、阿拉善左旗、阿拉善右旗分别为 479、384、474 个羊单位，乌拉特后旗和阿拉善右旗差距不大，阿拉善左旗数量最少。

在两期牲畜数量的变化上，乌拉特后旗增加了 15 个羊单位，增加了3.23％；阿拉善左旗减少了 94 个羊单位，减少了 19.67％；阿拉善右旗减少了 39 个羊单位，减少了 7.60％；在牲畜数量变化中，乌拉特后旗呈微弱上升趋势，变化幅度较小；阿拉善右旗和阿拉善左旗的牲畜数量呈明显下降趋势，其中阿拉善左旗的减少数量和下降趋势要大于阿拉善右旗。两期中位数变化，

乌拉特后旗从 382 个羊单位变为 395 个羊单位，增加了 13 个羊单位；阿拉善左旗从 384 个羊单位变为 291 个羊单位，减少了 93 个羊单位；阿拉善右旗从 410 个羊单位变为 426 个羊单位，增加了 16 个羊单位；整体变化幅度是比较大的。在中位数的变化中，乌拉特后旗和阿拉善右旗呈微弱上升趋势，而阿拉善左旗呈明显降低趋势。从牲畜数量均值和中位数的差值可以看出，草原化荒漠的牲畜数量正逐渐向正态分布的方向发展，乌拉特后旗的差值从 82 个羊单位变为 84 个羊单位，阿拉善左旗的差值从 94 个羊单位变为 93 个羊单位，阿拉善右旗的差值从 103 个羊单位变为 48 个羊单位；说明三个旗牲畜数量的数据分布逐渐从分散变得集中。

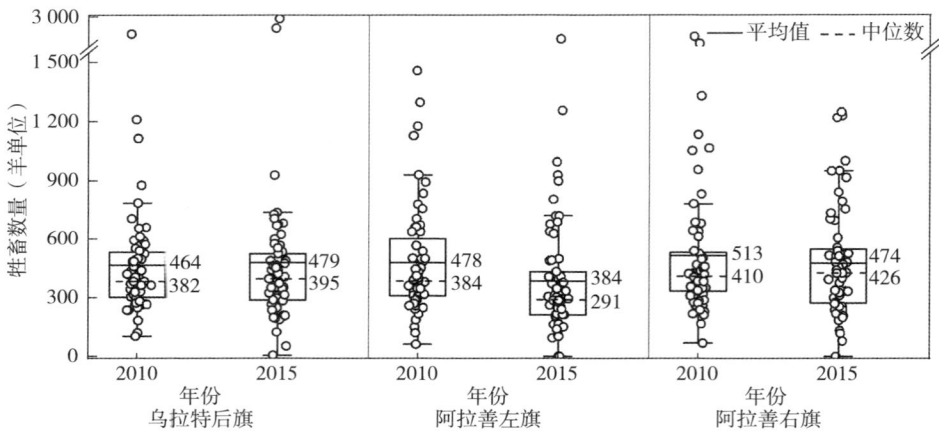

图 3 - 27　2010、2015 年乌拉特后旗、阿拉善左旗和阿拉善右旗牲畜数量

2. 牲畜结构

草原化荒漠三个旗山羊占比呈明显下降的趋势。从表 3 - 13 中可以看出，山羊是草原化荒漠的三个旗中占比最高的畜种，占比大小分布为乌拉特后旗 > 阿拉善右旗 > 阿拉善左旗。从时间上看，山羊占比呈明显下降的变化趋势，从图 3 - 28 中可以看出，两期的山羊占比中，乌拉特后旗分别为 73.88% 和 51.78%，下降了 22.10 个百分点；阿拉善左旗分别为 32.02% 和 56.18%，上升了 24.16 个百分点；阿拉善右旗分别为 53.34% 和 42.26%，下降了 11.08 个百分点。骆驼也是草原化荒漠地区非常重要的畜种，尤其在阿拉善左旗和阿拉善右旗，是仅次于山羊的第二大畜种。三个旗骆驼占比的变化趋势具有差异，两期的骆驼占比中，乌拉特后旗分别为 7.16% 和 12.18%，上升了 5.02 个百分点；阿拉善左旗分别为 41.19% 和 23.30%，下降了 17.89 个百分点；阿拉善右旗分别为 27.84% 和 36.47%，上升了 8.63 个百分点。绵羊是排在第三的畜种，三个旗绵羊占比分布为阿拉善左旗 > 乌拉特后旗 > 阿拉善右旗；绵

羊变化趋势中，乌拉特后旗和阿拉善右旗呈上升的变化趋势，阿拉善左旗呈下降变化趋势。

在两期绵羊占比中，乌拉特后旗分别为 11.44％ 和 24.04％，上升了 12.60 个百分点；阿拉善左旗分别为 23.48％ 和 16.84％，下降了 6.64 个百分点；阿拉善右旗分别为 11.89％ 和 18.98％，上升了 7.09 个百分点。肉牛是三个旗比较重要的畜种，从占比多少来看，乌拉特后旗＞阿拉善右旗＞阿拉善左旗，两期肉牛的占比中，乌拉特后旗分别是 3.90％ 和 6.54％，增加了 2.64 个百分点；阿拉善左旗分别是 2.67％ 和 3.18％，增加了 0.51 个百分点；阿拉善右旗分别是 5.75％ 和 1.03％，减少了 4.72 个百分点。马、奶牛是占比较少的畜种，其中马在乌拉特后旗的占比是较高的，两期分别为 3.61％ 和 5.34％，增加了 1.73 个百分点，呈上升的变化趋势；奶牛只是在 2015 年乌拉特后旗有一家牧民饲养，其他旗都没有饲养。

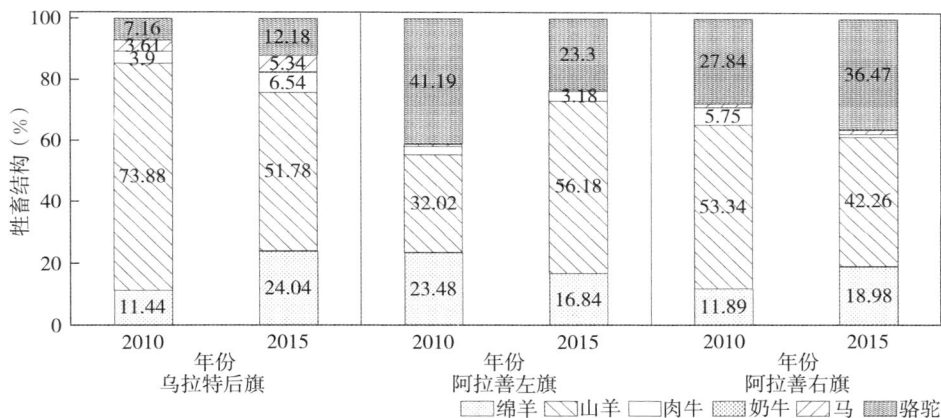

图 3-28　2010、2015 年乌拉特后旗、阿拉善左旗和阿拉善右旗牲畜结构

（四）饲草料

草原化荒漠三个旗户均购买饲草料的数量整体呈增加的趋势，三个旗购买饲草料量的顺序为阿拉善左旗＞阿拉善右旗＞乌拉特后旗。从图 3-29 中可以看出，在购买饲草料的比较中，2010 年乌拉特后旗、阿拉善左旗、阿拉善右旗分别为 25、41、31 千克/羊单位，乌拉特后旗的购买数量是最少的。2015 年乌拉特后旗、阿拉善左旗、阿拉善右旗分别为 53、63、49 千克/羊单位，阿拉善右旗的购买数量是最少的。在两期购买饲草料数量的变化上，乌拉特后旗增加了 28 千克/羊单位，阿拉善左旗增加了 22 千克/羊单位，阿拉善右旗增加了 18 千克/羊单位；数量增加的排序分别是乌拉特后旗＞阿拉善左旗＞阿拉善右旗。两期中位数变化，乌拉特后旗从 9 千克/羊单位变为 35 千克/羊单位，

增加了 24 千克/羊单位；阿拉善左旗从 22 千克/羊单位变为 39 千克/羊单位，增加了 17 千克/羊单位；阿拉善右旗从 19 千克/羊单位变为 27 千克/羊单位，增加了 8 千克/羊单位，整体变化是比较稳定的。

草原化荒漠三个旗中购买饲草料的牧户比例呈稳步上升的变化趋势。三个旗购买饲草料的牧户占比整体排序为乌拉特后旗＞阿拉善右旗＞阿拉善左旗，三个旗牧户饲草料占比两期的变化中，乌拉特后旗分别为 96.67％ 和 100.00％；阿拉善左旗分别为 75.00％ 和 98.33％，上升了 23.33 个百分点；阿拉善右旗分别为 100.00％ 和 94.42％，下降了 5.58 个百分点。变化趋势的排序分别是阿拉善左旗＞乌拉特后旗＞阿拉善右旗，乌拉特后旗和阿拉善左旗呈上升趋势，阿拉善右旗呈微弱下降趋势。购买饲草料大于 50 千克/羊单位的牧户数量占比也呈明显增加趋势，乌拉特后旗从 6.67％ 变为 57.38％，增加了 50.71 个百分点；阿拉善左旗从 15.00％ 变为 33.33％，增加了 18.33 个百分点；阿拉善右旗从 11.67％ 变为 8.47％，下降了 3.19 个百分点。无论从数量还是占比的变化，都说明草原化荒漠牧户购买饲草料占比具有明显增加的趋势。

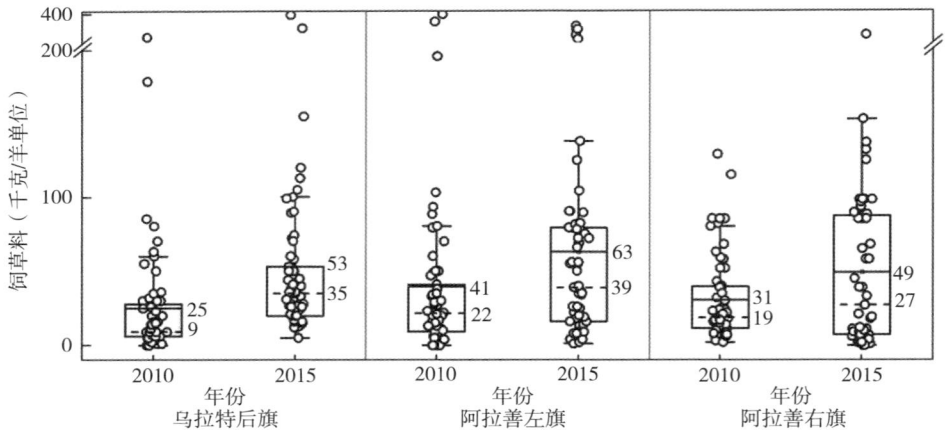

图 3-29　2010、2015 年乌拉特后旗、阿拉善左旗和阿拉善右旗饲草料购买量

（五）草畜平衡

草原化荒漠草畜关系呈严重超载的状态，三个旗的超载情况为阿拉善右旗＞乌拉特后旗＞阿拉善左旗。从图 3-30 中载畜压力指数的平均值来看，2010 年和 2015 年，乌拉特后旗分别为 3.47 和 3.50，上升了 0.86％，呈上升的趋势。阿拉善左旗分别为 3.30 和 2.42，降低了 26.67％；阿拉善右旗分别为 4.25 和 3.45，降低了 18.82％；两个旗均呈下降的趋势。中位数的变化上，

乌拉特后旗分别为 2.93 和 3.07，呈上升趋势。阿拉善右旗分别为 1.96 和 1.31，阿拉善右旗分别为 2.24 和 1.84，均呈下降趋势。中位数与均值相差较大的主要原因是一些牧户的载畜压力指数太大导致的。从表 3-15 载畜压力指数的数据分布中可以看出，超载牧户比例中乌拉特后旗＞阿拉善左旗＞阿拉善右旗。2010 年和 2015 年，乌拉特后旗不超载的占比分别为 1.67% 和 3.28%，平衡的占比分别为 1.67% 和 6.56%，超载的占比分别为 96.66% 和 90.16%。阿拉善左旗不超载的占比分别为 10.00% 和 23.73%，平衡的占比分别为 16.67% 和 20.34%，超载的占比分别为 75.33% 和 55.93%；阿拉善右旗不超载的占比分别为 20.00% 和 25.42%，平衡的占比分别为 13.33% 和 15.25%，超载的占比分别为 66.67% 和 59.33%。从中位数和数值分布占比可以明显看出，超载的情况有所缓解，主要原因是三个旗牲畜数量明显下降，且草地经营面积整体呈增加的趋势，因此草畜压力得以减轻。

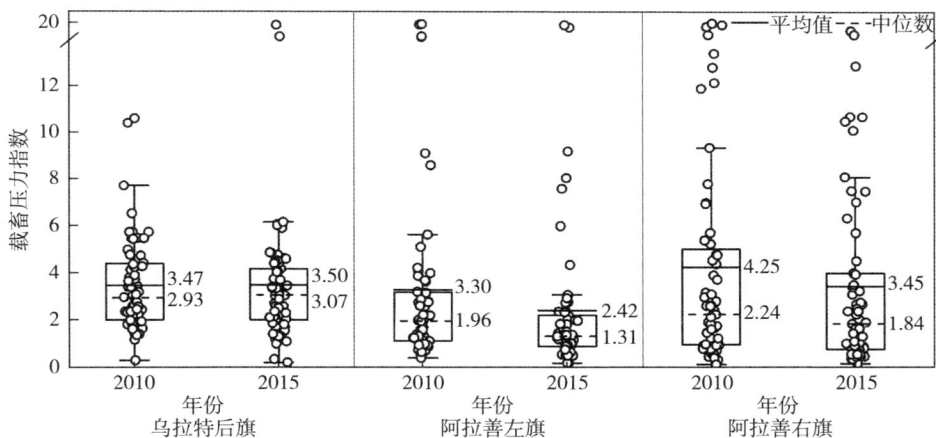

图 3-30 2010、2015 年乌拉特后旗、阿拉善左旗和阿拉善右旗载畜压力指数

表 3-15 2010、2015 年乌拉特后旗、阿拉善左旗和阿拉善右旗载畜压力指数分布情况

载畜压力指数		乌拉特后旗		阿拉善左旗		阿拉善右旗	
		2010 年	2015 年	2010 年	2015 年	2010 年	2015 年
不超载	<0.8	1.67	3.28	10.00	23.73	20.00	25.42
平衡	0.8~1.2	1.67	6.56	16.67	20.34	13.33	15.25
超载	>1.2	96.66	90.16	73.33	55.93	66.67	59.33

六、草畜平衡适应性分析

近年来草原牧区生态环境、社会经济、政策等环境不断发生变化，牧民正

在面临各种压力和挑战[1]。受长期气候变化、极端天气事件频发等自然因素和过度放牧、乱垦滥挖等人为因素的影响，天然草原大面积退化、生态环境不断恶化，制约了牧区经济的发展，牧民收入受到极大影响[2]。随着工业化、城镇化、信息化及经济全球化快速推进，牧区由自给自足的经济向商品经济转化，牧区产业结构、畜牧业生产方式发生巨大改变，牧民被迫逐渐转变生产和经营方式[3]。进入21世纪以来，国家先后实施了退牧还草、京津风沙源治理、草原生态保护补助奖励等一批重大工程和补助政策，通过禁牧休牧、草畜平衡等措施保护草原生态，牧民养畜行为受到影响，开始改变仅依赖天然草地放牧的生产方式[4-5]。农牧民是农民中的特殊群体，大部分农牧民的收入来源主要依靠草原畜牧业。草原畜牧业经济的自然性和脆弱性导致了农牧民收入的不稳定性和风险性，同时由于语言、生活习惯等因素影响，农牧民转移就业难度较大，其生计更容易受到环境变化的影响[6]。由于所处自然、经济、政策环境的剧烈变化，对牧户草畜平衡提出了更高的要求，牧民不得不采取各种策略来适应这些变化。

学者们对农牧民的生产行为研究涉及养殖行为[7]、经营规模和模式[8]、草场流转[9]、放牧方式[10]、草-畜调控[11]等，以及各类生产经营行为与草原生态环境的关系[12]等。赵雪雁等[13]通过对甘南牧区农牧民研究，发现农牧民收入与其投资和生产行为高度相关。张美艳等[14]通过锡林郭勒盟农牧民草场流转行为的分析，发现比较利益差异是主导因素，农牧民禀赋是原始驱动力，外部政策是加速器。关士琪等[15]在研究农牧民超载行为的原因时，发现固定资产的价值、家庭劳动力数量、户主健康程度具有促进作用，制度信任、组织规范、草场面积具有抑制作用；此外，政策通过影响牧民的减畜认知进而抑制超载过牧的行为。尹燕亭[16]在研究内蒙古草原牧户草畜平衡行为时发现，牧户所处的草地类型、交通便利程度以及牧户民族属性显著影响牧户草场流转决策行为，牲畜、草场、气候均被牧户视为影响购买饲草料行为的关键因素，交通便利程度、牧户文化水平及年龄、牲畜存栏数和牧户实际放牧地面积都显著影响出售牲畜行为。

牧户的适应性研究中，国外的研究较少，国内研究主要涉及干旱[17-18]、雪灾[19]、沙尘暴[20]等气候变化和极端天气事件影响，以及草原生态补助奖励政策[21]、游牧民定居工程[22]、生态工程建设[23]等政策背景下牧民生活[24]和生产行为的适应性[25]。如李平等[26]发现干旱和沙尘暴对沙地草原牧户生产生活的影响最大，适应措施以圈养、适量购买饲料和处理家畜为主；李文龙等[27]发现气候暖干化、城镇化以及生态工程、旅游发展成为北方农牧交错带农牧户发生适应的起因与动力；冯秀等[28]发现牧民为调节草畜平衡，主要通过调控牲畜数量、经营草地面积和饲草料购买量等适应途径以调增载畜量。

（一）草-畜变化趋势

1. 经营草地面积

牧户经营草地面积整体呈下降的趋势。从表3-16中可以看出，各草原类型区调研牧户经营草地面积的排序为草原化荒漠＞典型草原＞荒漠草原＞草甸草原＞沙地草原；从调研地区经营草地面积看，处于草原化荒漠的阿拉善右旗、阿拉善左旗及典型草原的东乌珠穆沁旗的草原面积远高于其他地区。在时间维度上，草甸草原整体呈增加的趋势，其中陈巴尔虎旗呈增加趋势，新巴尔虎左旗呈波动增加的趋势；典型草原、荒漠草原、沙地草原均呈减少的趋势，且2015—2020年的减少幅度远高于2010—2015年，这可能与调研区域的选择有关；草原化荒漠中的乌拉特后旗和阿拉善左旗为减少趋势，阿拉善右旗为增加趋势。从各地的变化来看，减少面积最多且下降比例最高的分别是典型草原的东乌珠穆沁旗和荒漠草原的四子王旗、苏尼特右旗；12个旗（市）中仅有陈巴尔虎旗、新巴尔虎左旗和阿拉善右旗呈增加趋势。

表3-16　调研区域牧户经营草地面积变化

单位：亩

草原类型	旗（市）	2010年	2015年	2020年
草甸草原	陈巴尔虎旗	5 093	6 046	7 004
	新巴尔虎左旗	7 982	8 565	8 104
典型草原	锡林浩特市	8 404	7 632	4 761
	东乌珠穆沁旗	16 276	13 404	6 639
荒漠草原	四子王旗	10 778	8 658	5 086
	苏尼特右旗	12 567	11 065	7 657
沙地草原	鄂托克旗	4 994	4 293	
	杭锦旗	2 493	2 288	
	乌审旗	1 918	1 583	
草原化荒漠	乌拉特后旗	9 804	7 527	
	阿拉善左旗	14 666	14 251	
	阿拉善右旗	20 558	23 575	

承包草场占经营草场的比例呈波动下降趋势。从表3-17中可以看出，各草原类型区调研区域牧户承包草场占经营草地面积比例排序为草原化荒漠＞荒漠草原＞沙地草原＞草甸草原＞典型草原；各调研地区中，占比最高的是处在草原化荒漠的阿拉善右旗、阿拉善左旗、沙地草原的乌审旗及草甸草原的陈巴尔虎旗，占比最低的是典型草原的锡林浩特市、东乌珠穆沁旗以及沙地草原的

杭锦旗。从时间变化趋势看，草甸草原整体呈下降的趋势。典型草原为持续上升的趋势，2015—2020年增加幅度为所有调研地区中最大的。荒漠草原中四子王旗为持续增加趋势，苏尼特右旗为先增后减趋势。沙地草原中的鄂托克旗为增加趋势，杭锦旗和乌审旗为减少趋势。草原化荒漠均呈增加的趋势。从各调研地区的变化来看，下降比例最多的是草甸草原的新巴尔虎左旗和沙地草原的杭锦旗，上升比例最多的是典型草原的东乌珠穆沁旗、锡林浩特市及草原化荒漠的阿拉善左旗和乌拉特后旗。

表3-17 调研区域牧户承包草场占经营草地比例变化

单位：%

草原类型	旗（市）	2010年	2015年	2020年
草甸草原	陈巴尔虎旗	95.33	87.28	88.56
	新巴尔虎左旗	79.93	73.92	61.77
典型草原	锡林浩特市	55.24	54.31	64.10
	东乌珠穆沁旗	63.13	70.87	91.70
荒漠草原	四子王旗	82.29	88.73	90.15
	苏尼特右旗	88.09	91.36	76.92
沙地草原	鄂托克旗	76.83	79.85	
	杭锦旗	79.06	69.19	
	乌审旗	92.88	91.66	
草原化荒漠	乌拉特后旗	79.64	91.68	
	阿拉善左旗	89.38	99.61	
	阿拉善右旗	100.00	102.14	

经营草地面积的减少主要是由于各个时期调研牧户承包草地面积和流转草地面积同时减少导致的。调研牧户的草地面积及配置中，三期均有调研的6个旗（市）牧户经营草地面积变化中，2010年户均经营草地面积为10 212亩，其中承包草地面积为7 645亩，租入草地面积为2 588亩；2015年户均经营草地面积为9 248亩，其中承包草地面积为7 108亩，租入草地面积为2 303亩；2020年户均经营草地面积为6 687亩，其中承包草地面积为5 217亩，租入草地面积为1 327亩。2010—2020年经营草地面积共减少了3 525亩，其中2015—2020年减少了2 561亩，占到10年间减少面积的72.64%；承包草场面积共减少了2 428亩，其中2015—2020年减少了1 891亩，占到10年间减少面积的77.89%；租入草场面积共减少1 262亩，其中2015—2020年减少了976亩，占到10年间减少面积的77.39%。从经营草地配置比例的变化可以看出，租入草场的牧户数量和面积正在下降，同时在经营草地面积的占比也在下降，虽

然整体草场流转的趋势在下降，但租出草场的牧户数量和面积逐渐在增加。三期均有调研的 6 个旗（市）牧户经营草地面积配置变化中，三期承包面积占经营面积的比例分别为 74.86％、76.86％、78.02％，呈持续增加的趋势；租入草场占经营草地面积的比例分别为 25.35％、24.90％、19.84％，呈持续减少的趋势，且 2015—2020 年减少的幅度更大；三期承包面积与租入面积之和与经营面积的比值分别为 100.20％、101.77％、97.86％，说明越来越多的人选择把草场租给别人，减小规模或退出畜牧业生产。

各草原类型区草场流转比例与承包草场占经营草场面积的比例排序相反，典型草原和沙地草原的流转比例是最高的，草甸草原仅次于第三。典型草原的资源禀赋仅次于草甸草原，因此牧民更倾向于通过草场流转来扩大养畜规模，两个旗（市）中锡林浩特市的草场流转比例要更高一些，一是因为锡林浩特市的草原面积远小于东乌珠穆沁旗，二是锡林浩特市为锡林郭勒盟的区域中心，就业机会更多，牧民可以在当地的城市就找到合适的工作，因此部分草场面积小的牧民会选择租出草场退出畜牧业生产，而还继续从事畜牧业生产的牧民会租入别人的草场，促进了草场流转。沙地草原草场流转比例较高的原因，一是因为草场面积非常小，仅靠畜牧业生产难以维持生计，部分牧民因而退出畜牧业生产选择在周边城市工作；二是租赁草场的价格较低，牧民租赁草场并不会造成养畜成本升高，因此提高了草场流转比例。草甸草原因为资源禀赋，户均草场面积相对规模较大，两个旗距离大城市较远，牧民因为语言、生活习俗等原因，完全退出畜牧业生产的人并不多，虽然草甸草原区牧民租赁草场的意愿较强，但进行草场流转的面积有限，草地资源相对紧缺，缺少可租用草地资源，牧户仍然以经营自家草地为主。

2. 牲畜数量

牧户牲畜数量整体呈下降的趋势。从表 3-18 中可以看出，各草原类型区排序为草甸草原＞典型草原＞荒漠草原＞草原化荒漠＞沙地草原；从调研地区牲畜数量看，处于典型草原的东乌珠穆沁旗及草甸草原的新巴尔虎左旗和陈巴尔虎旗的牲畜数量高于其他旗。从时间变化趋势看，以三期均有调研的 6 个旗（市）牧户牲畜数量变化为例，三期牲畜数量分别为 707、720、516 个羊单位，呈先增后减的趋势，且 2015—2020 年下降幅度是较大的。各草原类型中，草甸草原整体呈减少的趋势，其中陈巴尔虎旗呈增加趋势，新巴尔虎左旗呈持续减少趋势；典型草原呈大幅减少的趋势，2015—2020 年减少的幅度远高于2010—2015 年；荒漠草原呈先增后减的趋势，2015—2020 年减幅较大；沙地草原呈增加的趋势；草原化荒漠整体呈减少趋势，其中乌拉特后旗为增加趋势，阿拉善左旗和阿拉善右旗为减少趋势。从各调研地区的变化来看，减少幅度最大的是东乌珠穆沁旗和新巴尔虎左旗，这两个旗的牲畜数量也是最多的；

呈增加趋势的仅有陈巴尔虎旗、沙地草原的三个旗和草原化荒漠的乌拉特后旗。通过对比发现，原牲畜规模较小的牧户大都增加了牲畜数量，而牲畜规模中等或较大的牧户，逐渐在减少牲畜数量。

表 3-18 调研区域牧户牲畜数量变化

单位：羊单位

草原类型	旗（市）	2010 年	2015 年	2020 年
草甸草原	陈巴尔虎旗	688	810	698
	新巴尔虎左旗	971	840	629
典型草原	锡林浩特市	670	635	407
	东乌珠穆沁旗	1 032	992	648
荒漠草原	四子王旗	529	588	302
	苏尼特右旗	380	522	418
沙地草原	鄂托克旗	304	334	
	杭锦旗	214	220	
	乌审旗	255	272	
草原化荒漠	乌拉特后旗	464	479	
	阿拉善左旗	478	384	
	阿拉善右旗	513	474	

3. 饲草料

购买饲草料的数量呈增加的趋势。从表 3-19 中可以看出，各草原类型区调研牧户购买饲草料数量的排序为荒漠草原＞典型草原＞草甸草原＞沙地草原＞草原化荒漠；从调研地区牲畜数量看，锡林浩特市、四子王旗的购买量是最大的。从时间变化趋势看，以三期均有调研的 6 个旗（市）购买饲草料量的变化为例，三期分别为 55、85、93 千克/羊单位，共增加了 38 千克/羊单位。各草原类型中除典型草原呈先增加后减少的趋势外，其他草原类型均呈增加趋势。从各调研地区的变化来看，沙地草原的乌审旗、草甸草原的新巴尔虎左旗、荒漠草原的四子王旗的增加幅度是最大的。沙地草原购买饲草料的数量虽然较少，但有饲草料地作为补充。在饲草料地数量的变化上，鄂托克旗分别为47 亩和 72 亩，杭锦旗分别为 40 亩和 48 亩，乌审旗分别为 86 亩和 131 亩，均呈增加的趋势，种植的作物大多为苜蓿、玉米、青贮玉米等。荒漠草原和草原化荒漠也有少量饲草料地，四子王旗三期的饲草料地分别有 6.53 亩、4.43亩、1.22 亩，苏尼特右旗分别有 2.23 亩、11.33 亩、3.28 亩；乌拉特后旗2010 年和 2015 年分别为 7.37 亩、2.01 亩，阿拉善左旗分别为 27.37 亩和4.52 亩，阿拉善右旗分别为 3.38 亩和 3.15 亩。草原化荒漠地区虽然购买饲草料少，但玉米颗粒的购买量要远高于其他地区，以乌拉特后旗为例，2010年和2015年平均每户的玉米购买量为11 995千克和24 055千克，两期平均每个羊单位每年购买26千克和50千克的玉米颗粒。

受到气候变化、政策、市场等的影响，牧户的行为表现出强烈的风险规避特征。牧民只要有可靠信息预知有可能遇到雪灾时，大部分牧户都会选择多储备饲草料，由于牲畜之于牧户的重要性，一旦遇到雪灾，必将出现牲畜掉膘甚至死亡的情况，牧户畜牧业生产会受到巨大打击，在遇到灾害时候，尤其遇到极端气候事件时，会选择多储备饲草料。以锡林郭勒盟1999—2001年的灾害为例，旱灾和雪灾并发，而当时牧户抗灾意识和风险意识较弱，因为缺乏暖圈和足够的草料，出现牲畜大量死亡，牧户损失惨重，但正是此次极端气候事件之后，牧户开始建设暖圈，并每年储备草料。部分调研地区2020年减少饲草储备，可能与牲畜减少、当年降水偏多草地生产力增加、青干草市场价格升高等有关。

表3-19　调研区域牧户购买饲草料数量变化

单位：千克/羊单位

草原类型	旗县	2010 年	2015 年	2020 年
草甸草原	陈巴尔虎旗	41	104	64
	新巴尔虎左旗	20	25	79
典型草原	锡林浩特市	129	136	86
	东乌珠穆沁旗	28	67	67
荒漠草原	四子王旗	39	93	169
	苏尼特右旗	76	87	94
沙地草原	鄂托克旗	17	72	
	杭锦旗	37	61	
	乌审旗	12	78	
草原化荒漠	乌拉特后旗	25	53	
	阿拉善左旗	41	63	
	阿拉善右旗	31	49	

4. 草畜平衡

牧户草畜关系整体为超载状态，2010—2015年呈缓解趋势，2015—2020年呈紧张趋势。从2010—2020年12个旗（市）1 218户牧户的载畜压力指数来看，牧户草畜关系整体为超载状态，1 218户牧户的载畜压力指数均值为2.09，中位数为1.45，最大值为20.55，最小值为0.05。不超载（载畜压力指数<0.8）的牧户数量为436户，占比25.38%；平衡（载畜压力指数为

0.8~1.2) 的牧户数量为 261 户，占比 15.19%；超载（载畜压力指数>1.2）的牧户数量为 1 021 户，占比 59.43%。从表 3-20 中可以看出，各草原类型区调研牧户载畜压力指数的排序为草原化荒漠>沙地草原>典型草原>荒漠草原>草甸草原，仅有草甸草原为不超载的状态，其余类型草原均为超载状态；从调研地区载畜压力指数看，处于草原化荒漠的阿拉善右旗、乌拉特后旗及沙地草原的杭锦旗和乌审旗远高于其他旗，处于草甸草原的陈巴尔虎旗和新巴尔虎左旗是最低的。

草畜平衡关系的变化具有阶段性差异，如调研中有 2010、2015 年两期数据的 12 个旗（市），其 2010 年和 2015 年的载畜压力指数分别为 2.25 和 2.09，有 2010、2015、2020 年三期数据的 6 个旗（市），其三期均值分别为 1.31、1.26、1.48，可以看出 2010—2020 年载畜压力指数为先减后增的趋势。说明 2010—2015 年间牧户的草畜关系朝缓解的方向发展，虽然牲畜数量呈微弱增加趋势，且经营草地面积呈减少趋势，但饲草料数量的大幅增加是减缓草畜压力的主要因素。2015—2020 年经营草地面积大幅减少，减幅高于 2010—2015 年，牲畜数量也大幅减少，饲草料数量有小幅增加，但由于经营草地面积大于牲畜数量的减少幅度，所以导致超载程度较 2015 年更严重。

表 3-20　调研区域牧户载畜压力指数变化情况

草原类型	旗县	2010 年	2015 年	2020 年
草甸草原	陈巴尔虎旗	0.90	0.71	0.88
	新巴尔虎左旗	1.24	0.61	1.06
典型草原	锡林浩特市	1.51	1.4	1.95
	东乌珠穆沁旗旗	1.59	1.46	1.84
荒漠草原	四子王旗	1.65	2.05	1.46
	苏尼特右旗	0.95	1.31	1.67
沙地草原	鄂托克旗	2.24	2	
	杭锦旗	2.64	2.75	
	乌审旗	3.11	3.48	
草原化荒漠	乌拉特后旗	3.47	3.50	
	阿拉善左旗	3.3	2.42	
	阿拉善右旗	4.25	3.45	

（二）草畜关系调控路径

牧户作为草原畜牧业生产决策的基本单元，其"草-畜行为"是结合内在因素和外在环境因素的综合考虑下，根据可利用的生产要素做出的最有利于自身效益的决定。牧户畜牧业生产决策行为体现着对草原生态保护与经济利益的权衡，牧户通过增加牲畜数量来维持和提高家庭收入，因此对草原生态环境的胁迫持续增强，草原生态退化难以得到有效遏抑。生态补奖政策的实施，旨在通过禁牧或减少牲畜数量以起到保护草原生态的作用，牧户需按政策规定大量减畜，并通过购买饲草料以改变生产方式，但必然会导致成本的增加、收入的减少。牧户作为一个可以根据政策和市场变化在某种程度上独立自主行使其经营决策权的主体，面临着生产决策行为的适应性调整。其决策行为取向与生产要素的调整，将引起牧户的生产效率、经营收益、草地生态状况等一系列关键参数的变化。牧户调控草畜关系的途径有三种，一是直接调节牲畜数量，二是调节购买饲草料数量，三是通过调节经营草地面积以减少或提高载畜率。从载畜压力指数逐渐变大的状况可以看出，牧户仍将过度利用草地的生产经营决策行为作为维持和提高其收入的主要手段，因而提高了载畜量，大多都处于超载放牧状态。

草甸草原的草-畜关系整体为平衡状态，载畜压力指数呈降低的趋势，草畜压力朝着更小的方向发展。陈巴尔虎旗载畜压力减小是因为经营草地面积增加，主要是承包草场面积的增加导致的；新巴尔虎左旗是由牲畜数量减少以及购买饲草料数量的增加导致的。草甸草原草场流转的牧户数量和流转面积一直比较稳定，连年干旱使得牧民通过减小牲畜养殖规模降低成本，逐渐形成了通过贮备饲草预防灾害的习惯。

典型草原载畜压力指数整体呈增加的趋势，草畜关系朝着更紧张的方向发展。锡林浩特市和东乌珠穆沁旗两个地区虽然牲畜数量也呈减少趋势，但经营草地面积减少幅度更大，主要是承包草场和租入草场面积同时减少所致，此外锡林浩特市购买饲草料数量也呈减少趋势，导致载畜压力指数变大，超载情况更严重。典型草原参与草场流转的牧户数量和面积呈快速下降的趋势，承包面积占经营草场的比例呈逐年增加的趋势。

荒漠草原草畜平衡关系的变化具有差异，四子王旗载畜压力指数呈波动减小的趋势，苏尼特右旗呈持续增加的趋势。四子王旗在2010—2015年间牲畜数量增加，虽然购买饲草料数量呈增加趋势，但经营草地面积大幅减少，导致草畜关系更加紧张；2015—2020年虽然经营草地面积持续减少，但牲畜数量也呈减少趋势，此外饲草料持续增加，因此2020年草畜压力较2010和2015年有所缓解。苏尼特右旗在2010—2020年经营草地面积持续减少，且牲畜数量大幅增加，导致草畜关系从不超载向超载的方向发展。荒漠草原经营草地面积持续减少是因为承包面积减少所致，此外四子王旗租入草场的户数和面积也在持续减少，苏尼特右旗草场流转呈较稳定的趋势。四子王旗流转草场面积虽然减少，但购买饲草料的数量呈持续上升的趋势，而苏尼特右旗除2015年饲草料数量较多外，2010 和 2020 年的购买数量相差不大。

沙地草原整体呈严重超载的情况，载畜压力指数均大于 2。在载畜压力指数的时间变化中，鄂托克旗为减小趋势，杭锦旗和乌审旗为增加趋势。沙地草原经营草地面积均呈下降趋势，牲畜数量呈不同程度的增加趋势；鄂托克旗由于饲草料数量增幅较大，所以缓解了草地面积减少和牲畜数量增加的压力；而杭锦旗和乌审旗的饲草料数量虽然也呈增加趋势，但增加数量不足以填补经营草地面积减少的缺口，导致载畜压力指数变大。沙地草原经营草地面积的下降主要是承包草场面积减少所致，此外鄂托克旗和乌审旗的租入草场面积呈减少趋势，杭锦旗呈增加趋势。

草原化荒漠草畜关系呈严重超载的状态，超载强度中，乌拉特后旗呈增加趋势，阿拉善左旗和阿拉善右旗呈降低趋势。三个旗的饲草料数量均呈下降趋势，乌拉特后旗和阿拉善右旗下降幅度较小，阿拉善左旗下降幅度较大，平均每个羊单位购买的饲草料数量下降了 48 千克，主要是由于饲草料地面积减小所致，购买的饲草料，除阿拉善左旗外其余两个旗均呈增加趋势。乌拉特后旗因经营草地面积大幅下降以及牲畜数量增加导致草畜关系更加紧张；阿拉善左旗的牲畜数量大幅减少是草畜关系缓解的主要驱动因素，尽管经营草地面积也有所下降，但幅度较小；阿拉善右旗的经营草地面积增加和牲畜数量减少是草畜关系缓解的共同驱动力。

（三）草-畜平衡关系探究

1. 合理载畜量与超载的关系

利用 2010—2020 年 12 个旗（市）1 718 户牧户的数据，根据经营草地面积和饲草料数量计算得到家庭合理载畜量，探究载畜压力指数与家庭合理载畜量之间的关系。12 个旗（市）牧户家庭合理载畜数量的均值为 390 个羊单位，中位数为 272 个羊单位，最大值为 4 679 个羊单位，最小值为 23 个羊单位。牧户合理载畜量主要集中在 0～300 个羊单位的区间内，共有 932 户牧户，占牧户总数的 54.25%；300～500 个羊单位也是主要集中区间，有 345 户牧户，占到 20.08%；500～1 000 个羊单位区间占到 15.54%，1 000～4 679 个羊单位区间占到 10.13%。

载畜压力指数随着合理载畜量值的增加呈持续减小的趋势。载畜压力指数小于 0.8 的牧户合理载畜量均值为 580 个羊单位，载畜压力指数在 0.8～1.2 之间的牧户合理载畜量均值为 502 个羊单位，载畜压力指数大于 1.2 的牧户的牧户合理载畜量均值为 273 个羊单位。从图 3 - 31 和图 3 - 32 中可以看出，在合理载畜量小于 150 个羊单位时，载畜压力指数呈快速减小的趋势；如合理载畜量在 0～50 个羊单位时，载畜压力指数均值为 6.39，50～100 个羊单位、

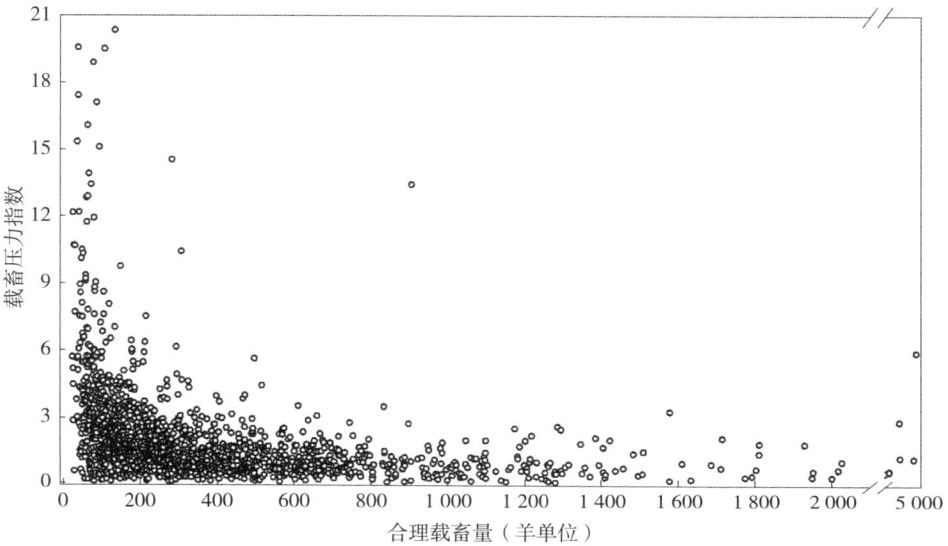

图 3-31　调研区域牧户合理载畜量与载畜压力指数散点图

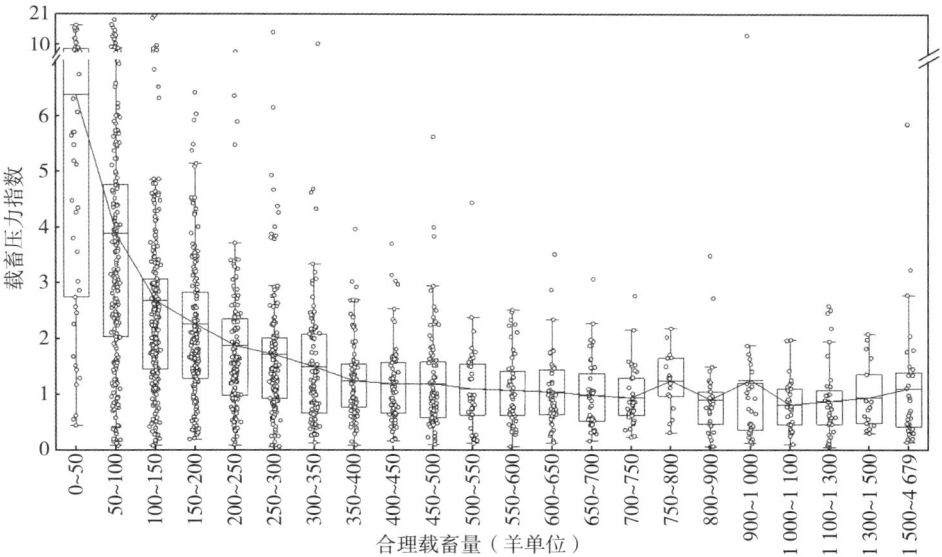

图 3-32　调研区域牧户不同区间合理载畜量与载畜压力指数图

100～150 个羊单位的均值分别为 3.90、2.68；这一阶段合理载畜量每增加 50
个羊单位，载畜压力指数减小 1.87。当合理载畜量在 150～400 个羊单位时，
载畜压力指数依然呈持续下降的趋势，但下降速度相较于前一阶段明显减缓；
如合理载畜量在 150～200 个羊单位区间，载畜压力指数均值为 2.26，350～

400 个羊单位区间时的均值为 1.25；这一阶段合理载畜量每增加 50 个羊单位，载畜压力指数减小 0.20。当合理载畜量在 400～750 个羊单位时，载畜压力指数仍呈下降趋势，但下降速度更加缓慢；如合理载畜量在 350～400 个羊单位区间，载畜压力指数均值为 1.19，若合理载畜量位于 700～750 个羊单位区间时，则载畜压力指数均值为 0.95；这一阶段合理载畜量每增加 50 个羊单位，载畜压力指数减小 0.034。当合理载畜量在 750～4 679 个羊单位时，牧户数量较少，且载畜压力指数变化较为复杂，合理载畜量在 750～1 000 个羊单位时，载畜压力指数呈波动变化的趋势，合理载畜量在 1 000～4 679 个羊单位时，载畜压力指数呈逐渐增加的趋势。

2. 牲畜数量与超载的关系

利用 2010—2020 年 12 个旗（市）1 718 户牧户的数据，探究载畜压力指数与牲畜数量之间的关系。12 个旗（市）牧户家庭牲畜数量的均值为 550 个羊单位，中位数为 395 个羊单位，最大值为 7 443 个羊单位，最小值为 10 个羊单位。牧户牲畜数量主要集中在 100～500 个羊单位区间内，共有 982 户牧户，占牧户总数的 51.16%；其中 200～400 个羊单位区间的牧户数量最多，共 564 户，占牧户总数的 32.83%。500～750 个羊单位区间内有 282 户，占到 16.41%；750～7 443 个羊单位区间有 375 户，占到 21.83%；0～100 个羊单位区间内有 79 户，占到 4.60%。

载畜压力指数随着牲畜数量的增加呈先增后减的趋势。载畜压力指数小于 0.8 的牧户牲畜数量均值为 412 个羊单位，载畜压力指数在 0.8～1.2 之间的牧户牲畜数量均值为 616 个羊单位，载畜压力指数大于 1.2 的牧户的牲畜数量均值为 593 个羊单位。从图 3-33 和图 3-34 中可以看出，牲畜数量小于 350 个羊单位的区间内，随着牲畜数量的增加，载畜压力指数呈逐渐变大的趋势；如牲畜数量在 0～50 个羊单位时，载畜压力指数均值为 0.37，300～350 个羊单位的均值为 2.41；这一阶段牲畜数量每增加 50 个羊单位，载畜压力指数增加 0.29。350～400 个羊单位区间呈大幅的下降趋势，较前一区间，减少了 0.19。牲畜数量在 400～650 个羊单位区间内，随着牲畜数量的增加，载畜压力指数呈逐渐减小的趋势；如 400～450 个羊单位区间载畜压力指数的均值为 2.40，600～650 个羊单位区间的均值为 1.83；这一阶段牲畜数量每增加 50 个羊单位，载畜压力指数减小 0.114。牲畜数量大于 650 个羊单位时，载畜压力指数变化幅度差异较大，并无明显规律；此区间内载畜压力指数均值的最小值为 1 250～1 300 个羊单位区间的 1.41，最大值为 1 050～1 100 个羊单位区间的 4.18；区间内载畜压力指数的平均值要大于牲畜数量小于 650 个羊单位区间；牲畜数量大于 650 个羊单位的 469 户牧户的载畜压力指数均值为 2.43，而牲畜数量小于 650 个羊单位的 1 249 户牧户的均值为 1.96。

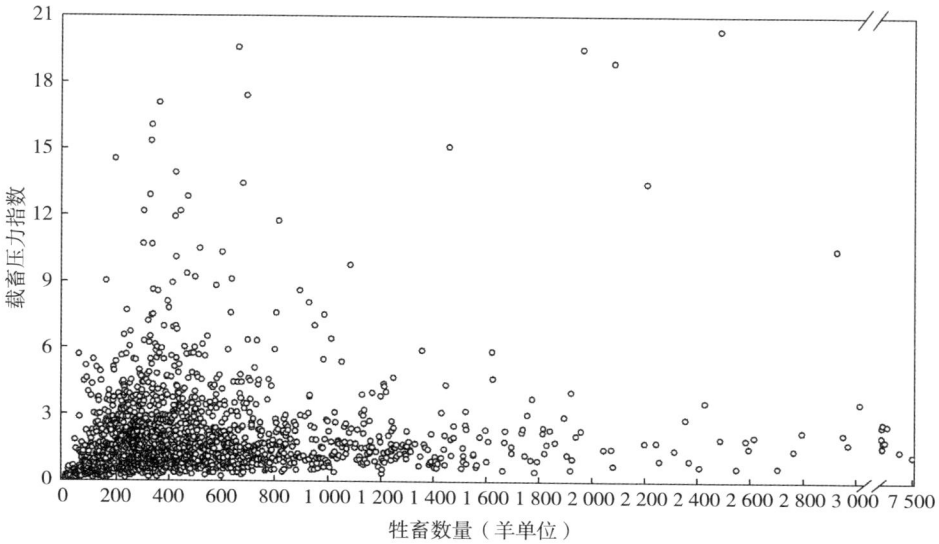

图 3-33　调研区域牧户牲畜数量与载畜压力指数散点图

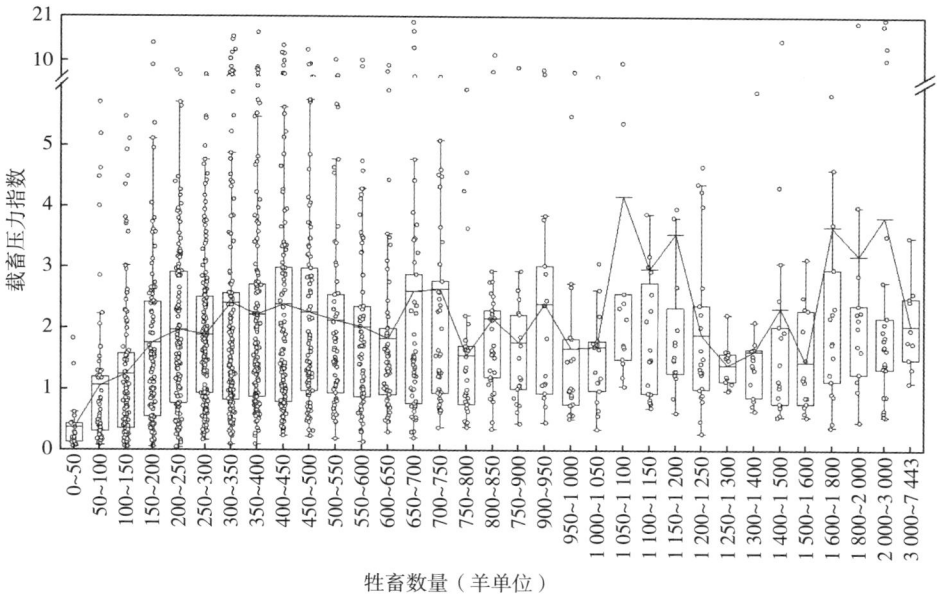

图 3-34　调研区域牧户不同区间牲畜数量与载畜压力指数图

　　草畜平衡有利于草原放牧系统的可持续发展，但过度放牧会对草原生态系统造成一系列负面影响，使草原生态系统退化和整体功能衰退。近 10 年牧户生产决策行为中超载放牧的现象越来越严重，在畜产品市场价格等因素的作用下，牧户仍将过度利用草地的生产经营决策行为作为维持和提高其收入的主要手段，因此，应该注重从增加牧户转移性收入和严格管控载畜量的双维路径来加强对牧户生产决策行为的引导与调控。政策实施应该重视对草地经营规模较小及牲畜数量规模较大牧户的管理与减畜调控。对于草地经营规模较小的牧户实行政策兜底制度，对于牲畜数量较多的牧户加强监管。

参考文献

[1] 董世魁，朱晓霞，刘世梁，等.全球变化背景下草原畜牧业的危机及其人文-自然系统耦合的解决途径 [J].中国草地学报，2013，35（4）：1-6.

[2] 刘佳佳，黄甘霖.锡林郭勒盟和锡林浩特市草原生态系统服务与人类福祉的关系研究综述 [J].草业科学，2019，36（2）：573-593.

[3] Hou L L, Xia F, Chen Q H, et al. Grassland ecological compensation policy in China improves grassland quality and increases herders' income [J]. Nature Communications, 2021，12，4683.

[4] 李平，孙小龙，张江丽，等.草原生态补奖政策问题与建议 [J].中国草地学报，2017，39（1）：1-6.

[5] 李新一，尹晓飞，周晓丽，等.我国农牧民补助奖励政策背景与成效 [J].草业学报，2020，29（7）：163-173.

[6] 秀英.草原畜牧业风险管理浅析 [J].经济论坛，2012，3：104-108.

[7] 高雅灵，林慧龙，马海丽，等.草原补奖政策对牧户牧业生产决策行为的影响研究 [J].草业学报，2020，29（4）：63-72.

[8] 王磊，陶燕格，宋乃平，等.禁牧政策影响下农户行为的经济学分析：以宁夏回族自治区盐池县为例 [J].农村经济，2010（12）：42-45.

[9] 高海秀，句芳.基于多分类 Logistic 模型的农牧户土地流转行为影响因素 [J].系统工程，2016，34（7）：153-158.

[10] 覃照素，黄远林，李祥妹.基于牧户行为的草地管理模式：以西藏自治区为例 [J].草业科学，2016，33（2）：313-321.

[11] Yang Q, Nan Z B, Tang Z. Influencing factors of the grassland ecological compensation policy to herdsmen's behavioral response: An empirical study in Hexi corridor [J]. Acta Ecolcgica Sinica，2022，42（2）：74-79.

[12] 王明利，王济民，谢双红.北方牧区牧民保护与建设草地的行为分析 [J].中国农村经济，2005，12：53-60.

[13] 赵雪雁，巴建军.高寒牧区牧民生产经营行为研究：以甘南牧区为例 [J].地域研究与开发，2009，28（2）：15-20.

[14] 张美艳，张耀启，辛晓平，等.基于 Heckman 模型的牧户草原流转决策研究 [J].中国农业资源与区划，2020，41（12）：57-65.

[15] 关士琪，董芮彤，唐增.牧户超载过牧行为的研究：基于可持续生计的视角 [J].中国草地学报，2021，43（7）：86-94.

[16] 尹燕亭.内蒙古草原区牧户草畜平衡决策行为的研究 [D].兰州：兰州大学，2013.

[17] 史俊宏．干旱风险冲击下牧户适应性生计策略及其影响因素［J］．中国农业资源与区划，2015，36（7）：89-95.

[18] 萨茹拉，丁勇，侯向阳．北方草原区气候变化影响与适应［J］．中国草地学报，2018，40（2）：109-115.

[19] 张倩，艾丽坤．适应性治理与气候变化：内蒙古草原案例分析与对策探讨［J］．气候变化研究进展，2018，14（4）：411-422.

[20] 周利光，杜凤莲．草原畜牧业应对气候变化的适应优先项［J］．草业科学，2014，31（5）：982-992.

[21] 胡远宁．草原生态补奖政策对牧户畜牧养殖和草地的影响［D］．兰州：兰州大学，2019.

[22] 花晓波，阎建忠，刘祥．定居牧民对草地退化的适应策略：以那曲县为例［J］．山地学报，2013，31（2）：140-149.

[23] 邵景安，邵全琴，芦清水，等．农牧民偏好对政府主导生态建设工程的生态适应性意义：以江西山江湖和青海三江源为例［J］．地理研究，2012，31（8）：1490-1502.

[24] 谭淑豪，谭文列婧，励汀郁，等．气候变化压力下牧民的社会脆弱性分析：基于内蒙古锡林郭勒盟4个牧业旗的调查［J］．中国农村经济，2016（7）：67-80.

[25] 李西良，侯向阳，丁勇，等．天山北坡家庭牧场复合系统对极端气候的响应过程［J］．生态学报，2013，33（17）：5353-5362.

[26] 李平，任卫波，侯向阳，等．沙地草原牧户对气候变化适应性调查分析［J］．草地学报，2012，20（2）：280-286.

[27] 李文龙，林海英，匡文慧．北方农牧交错区乡村农牧户适应性演化机制：以内蒙古达茂旗农牧户为例［J］．经济地理，2020，40（1）：150-163.

[28] 冯秀．牧户对草原生态补奖政策的生产决策行为适应研究［D］．北京：中国农业科学院，2019.

图书在版编目（CIP）数据

草畜平衡理论与实践 / 金轲，李平主编 . —北京：
中国农业出版社，2023.10
ISBN 978-7-109-31187-9

Ⅰ.①草… Ⅱ.①金… ②李… Ⅲ.①草原－畜牧业
－研究 Ⅳ.①S812

中国国家版本馆 CIP 数据核字（2023）第 191077 号

中国农业出版社出版

地址：北京市朝阳区麦子店街 18 号楼
邮编：100125
责任编辑：汪子涵 文字编辑：耿增强
版式设计：王 晨 责任校对：吴丽婷
印刷：北京通州皇家印刷厂
版次：2023 年 10 月第 1 版
印次：2023 年 10 月北京第 1 次印刷
发行：新华书店北京发行所
开本：700mm×1000mm 1/16
印张：9
字数：172 千字
定价：58.00 元
